职业教育与数字乡村建设研究

李海莉　著

吉林摄影出版社

·长春·

图书在版编目(CIP)数据

职业教育与数字乡村建设研究 / 李海莉著.--长春：
吉林摄影出版社，2023.8

ISBN 978-7-5498-5976-4

Ⅰ.①职... Ⅱ.①李... Ⅲ.①乡村教育－职业教育－
研究－中国②数字技术－应用－农村－社会主义建设－研
究－中国 Ⅳ.①G725②F320.3-39

中国国家版本馆 CIP 数据核字(2023)第 188014 号

职业教育与数字乡村建设研究

ZHIYE JIAOYU YU SHUZI XIANGCUN JIANSHE YANJIU

著　　者:	李海莉
出 版 人:	车　强
责任编辑:	罗　晗
封面设计:	豫燕川
开　　本:	787mm×1092mm　1/16
字　　数:	180 千字
印　　张:	8.5
版　　次:	2024 年 1 月第 1 版
印　　次:	2024 年 1 月第 1 次印刷

出　　版:吉林摄影出版社

发　　行:吉林摄影出版社

地　　址:长春市净月高新技术产业开发区福祉大路 5788 号

　　　　　邮编:130118

电　　话:总编办:0431－81629821　　发行科:0431－81629829

印　　刷:北京银祥印刷有限公司

ISBN 978-7-5498-5976-4　　　　定　　价:48.00 元

前 言

　　职业教育在乡村全面振兴中大有可为，职业教育服务乡村振兴必须走高质量发展之路。职业教育高质量发展是一种基于动态逻辑的更加公平、全面、协调以及可持续的"满意性"发展，乡村全面振兴是全领域、全地域、全时域的"系统性"振兴。职业教育高质量发展服务乡村全面振兴是新时期新阶段的新认识与新定位，符合国家战略愿景的必然逻辑，体现理论自洽的应然逻辑，遵循实践自觉的实然逻辑。要以职业教育高质量发展跨界协同乡村全领域振兴、差异供给乡村全地域振兴、提质增效乡村全时域振兴，助推全面实现农业强、农村美、农民富的乡村振兴样态。

　　自乡村振兴战略实施以来，信息技术加快了与农业融合的进度，农村加快了信息化建设的进程，数字乡村成为乡村振兴发展的根本战略。在数字乡村建设工作开展过程中，各地要与自身的实际情况相结合，科学进行规划布局，把握重点，夯实基础，重视农村发展新动能的培育，实现乡村各方面的一体化发展。

　　本书是关于职业教育与数字乡村建设方面的书籍，一共分为六章。第一章阐述了职业教育的基本理论，第二章对职业教育的教学进行论述，第三章探讨了职业教育与经济发展，第四章是数字乡村建设研究，第五章介绍了"智慧农业"的发展路径，第六章对农村电商可持续发展建设进行研究。

　　本书的撰写凝聚了作者的智慧、经验和心血，在撰写过程中参考并引用了大量的书籍、专著和文献，在此向其作者表示衷心的感谢。由于作者水平有限以及时间仓促，书中难免存在一些不足和疏漏之处，敬请广大读者和专家批评指正。

目 录

第一章

职业教育的基本理论

第一节　职业教育的概念及内涵

一、职业的含义与特征

(一)职业的含义

在我国,"职业"一词,最早见于《国语·鲁语》:"昔武王克赏,通道于九夷百蛮,使各以其方略来贡,使勿忘职业"。这里的"职"指执掌之事。"业"是古代记事的方法,把要做的事在木棒上刻成锯齿状,有多少事情就刻多少个齿,做完一件就刻一个齿,即"修业"。所以,"业"的含义是事。"职业"即为分内应做之事,与一定的社会分工和完成某件事所需要的技术、技能相联系。

从职业发展历史看,随着奴隶社会的不断发展,农业与手工业、畜牧业不断分离,导致了脑力劳动与体力劳动的逐渐分离,并出现了最早的职业。在古代,有"官有职,民有业"一说。这里的"职"与"业"主要指的是朝廷人员与老百姓所从事的主要工作:"职"指的是官事;"业"指的是农、牧、工、商,也就是今天所指的行业。可见,在我国古代,"职"与"业"是分开赋予含义的。较早地完整使用"职业"一词是在《荀子·富国》:"事业所恶也,功利所好也,职业无分,如是,则人有树事之患,而有争功之祸矣"。到了近代,随着社会的进步,社会分工日益精细化与复杂化,"职""业"逐渐地被一起使用,主要含义是指个人在社会中所从事的并以其为主要生活来源的合法工作的种类。

现代的"职业"是指,人们在社会中所从事的、相对稳定的、作为主要生活来源的,并以此为社会服务和体现自我价值的专门合法工作。可见,职业是参与社会分工,利用专门的知识和技能,为社会创造物质财富和精神财富,获取合理报酬并将其作为物质生活来源,满足精神需求的工作。它包含五个方面的内涵:第一,职业必须是社会分工产生的,为社会所承认的有益的工作,与人类的需求和职业结构相关;第二,职业必须是相对稳定的,不是可有可无的,也不是临时的,有一定的连续性,与职业的内在属性相关,强调利用专门的知识和技能;第三,职业必须是为群众服务的,是服务于社会也是社会所必需的,从而也是个人发展和实现人生价值的主要渠道;第四,职业与社会伦理相关,强调创造物质财富和精神财富,获得合理报酬;第五,职业是能够为己谋生的,是个人愿意以此获取生活资料的主要来源,与个人生活相关。

(二)职业的特征

职业作为一种劳动,它既有一般劳动形式的特征,也在产生和发展的过程中逐渐形成了可以与其他劳动形式相区别的特征。当代职业的特征主要表现在以下几个方面。

1.目的性

职业以获得一定的回报为目的。这种回报不一定仅限于物质、金钱等报酬,还可包括理想的实现、个人价值的实现、兴趣爱好的满足等。

2.规定性

职业对从业人员素质具有一定的规定和内在要求。从事特定职业的从业人员必须达到职业所要求达到的专门素质,同时,从业人员必须在其中承担一定的职责。

3.社会性

职业是从业人员在特定社会生活环境中所从事的一种与其他社会成员相互关联、相互服务的社会活动。

4.稳定性

职业在一定的历史时期形成,并具有一定的生命周期。

5.规范性

职业必须符合国家的法律,符合从业标准和社会道德规范。

6.群体性

职业具有一定规模,它是群体的共同行为。达不到一定数量的从业人员的劳动不能称为职业。

7.可变性

职业的内涵与种类并不是一成不变的,它会随着社会经济、产业结构的变化而发生改变

8.经济性

对个人,职业是个人获取生活资料的主要途径;对社会,个人从事职业是促进社会经济发展的重要环节。

9.技术性

不存在没有知识、技术的职业。特别在进入知识经济时代后,各种职业的技术含量在不断增加,技术性更加突出。

10.专门性

任何一个职业都是要不断发展和完善的,因此,它的专门性会越来越强,专业化程度也会越来越高。

11.时代性

职业是不断发展变化的。新的职业不断产生,旧的职业不断消亡,每个时代都有自己的特色职业。

12.多样性

社会分工越来越细,职业的种类也必将越来越多,且具有多样性的特点。

13.发展性

职业是人类发展的舞台,任何人的发展都离不开职业。

二、职业教育的概念

职业教育是一种复杂的教育活动,对其概念的认识也是复杂多样的。下面将从广义与狭义、外部与内部四个角度对其概念作归纳和分析。

从广义的角度理解"职业教育",其概念包括三层含义:所有的教育和培训都具有职业

性,均有职业导向,因为所有的教育都影响着个人的职业;职业教育和培训包含了所有类型的技术传授;职业教育既可以在家庭中进行,也可在工作单位或正规院校中进行。从狭义的角度理解"职业教育",其概念也包括三层含义:职业教育就是培养高级工匠的教育;职业教育和培训仅包含操作性技能之类的技术传授;职业教育是同普通教育相对的,以专门培养中级专业技术人才为目的的学校教育,它处于大学层次之下,反映了教育体系内部的结构与分工。显然,广义的"职业教育"的概念混淆了职业教育与其他类型教育的差别,未区分出职业教育所传授的特定技术类型,而狭义的"职业教育"的概念又把职业教育局限于操作技能训练和中等层次的程度上,因此,二者都没有真实地、全面地反映出现代职业教育的真谛。

联合国教科文组织在 2001 年修订的《关于技术与职业教育的建议》中指出:"'技术与职业教育'是作为一个综合术语来使用的。它所指的教育过程除涉及普通教育外,还涉及与学习、经济和社会生活各部门的职业有关的技术和各门科学,以及获得相关学科的实际技能、态度、理解力和知识。"技术与职业教育进一步被理解为:①普通教育的一个组成部分;②准备进入某一就业领域以及有效加入职业界的一种手段;③终身学习的一个方面以及成为负责任的公民的一种准备;④有利于环境的可持续发展的一种手段;⑤促进消除贫困的一种方法。教科文组织所提出的上述解读,主要从职业教育的外部关系阐述了职业教育的外延和作用。这样的表述更易于让大多数国家的政府接受,并重视职业教育,这正是其用意所在。

职业教育还需要从其内部来审视其内涵。有学者论述了职业教育应该是一种不同于普通教育的独特的教育类型,应该把职业学校真正办成遵循职业教育规律和特性,体现职业教育价值的教育机构,而不是作为低于普通学校的"二流"学校。还有学者将职业教育的概念表述为,"职业教育是培养技术应用型、技能型人才的一种教育或培训服务",并认为职业教育的概念包括五个要点:职业教育是教育的一种类型;职业教育培养的是技术应用型、技能型职业的人才,而不是培养所有职业的人才;职业教育是一种服务业,它为准备成为技术技能型人才的人提供教育服务;职业教育培养的是人才,是在普通教育基础上进行的;职业教育具有层次之分,旨在培养技术应用型与技能型两类人才。

作为独特教育类型的职业教育,在课程方面,是以就业能力为导向的能力本位课程或工作过程课程;在教学方面,实施行动导向教学,实行工学结合的人才培养模式;在学生评价方面,要求以学生获得职业胜任能力和职业资格为依据,重行而不唯知;在教师评价方面,要从重升学率和学术成果转向重就业导向的课程开发和教学应用与转化;在管理制度方面,要建立起符合职业教育规律与特色的管理制度;在教育体系方面,职业教育是横向"结成"体系,而普通教育纵向"自成"体系。综上所述,职业教育是终身学习的重要组成部分,是全民教育的主要承担者,是以培养符合职业或劳动环境所需要的技能型人才为目标的一种教育类型。它以职业需要为导向,以实践应用性技术和技艺为主要内容,传授职业活动必需的职业技能、知识、态度,并使学习者获得或者提高职业行动能力,进而获得相应的职业资格。职业教育所培养的人才是技能型人才,进一步可以分为技术应用型人才和操作技能型人才,二者都需要具备一定的理论技术、实践技术、心智技能和运动技能,都需要在生产或服务的一线通过行动将已有的设计、规范和决策转化为产品或服务成果。

三、职业教育的内涵

职业教育是终身教育和终身学习的体系中,建立在基础教育之上的,为引导学生掌握在某一特定职业或职业群中从业所需的实际技能、知识和认识的教育服务,是使受教育者获得某种职业或生产劳动所需要的职业技能、知识、职业道德的教育,其目的是培养技能型应用人才和具有一定文化水平及专业知识技能的劳动者。

职业教育是社会发展的产物,是人类文明发展的产物,是人自身发展到某个特殊时期的产物。职业教育受益于社会,促进社会发展是职业教育的应有之义和神圣职责。职业教育应包括两部分内容:①职业技术学校教育,即学历性的职业教育,分为初等、中等、高等职业学校教育;②职业培训,即按照职业需求或劳动岗位的要求,以开发和提高劳动者的职业技能为目的的教育和训练活动,是非学历性的短期职业教育。职业培训的形式多种多样。目前,我国的职业培训包括从业前培训、转业培训、学徒培训、在岗培训、转岗培训及其他职业性培训。根据实际情况,也可以将职业培训分为初级、中级、高级职业培训。因此,我们必须从下面几个方面准确把握职业教育的内涵。

（一）职业教育是终身教育体系的一个组成部分

职业教育是相对于其他教育存在的,没有其他类型教育也就不存在职业教育,并且职业教育是教育的重要组成部分,它对人的职业化、经济社会发展和消除贫困等具有重要价值。就个人而言,人对教育有基本需求、从业需求和闲暇需求,而职业教育可以满足人的从业需求。因此,职业教育是人的终身教育和全面发展的一个方面、一个阶段、一个重点。

（二）职业教育是建立在基础教育之上的

接受职业教育需要以一定的科学文化知识为基础。高等职业教育以普通高中教育为基础,中等职业教育以初中文化教育为基础,初等职业教育以小学文化为基础。

（三）职业教育是职业定向教育

定向教育是以职业或职业群为主要依据的专业类别培养人才的方式。无论是全日制职业教育、部分时间制职业教育,还是职业培训,都是给予学生或在业人员从事某种特定职业或职业群所需的实际知识、技能和态度的教育,是为就业、转业做准备的,也就是使"无业者有业,有业者乐业"。完成职业教育课程后,可以获得所在国的主管当局(教育部、雇主协会等)认可的在劳务市场上从业的资格。职业人才有多种类型、多种层次。

（四）职业教育面向部分人群

职业教育主要面向技术性、技能性职业者。非技术性职业者、学术性职业者、工程性职业者等,均无须接受职业教育。

（五）职业教育是一种服务

职业教育过程分别由教育、教学、管理和服务构成。职业教育过程的结果是转变学生。学生是顾客,职业教育机构向学生提供了学习、生活、劳动的设备设施,学生通过教职工的教育教学掌握了特定职业或职业群所需的知识、信息、方法,提高了从业所需的实际技能以及认识世界、改造世界的能力。因此,职业教育是一种高尚的服务业。

第二节　职业教育的基本理念

一、现代职业教育的属性

（一）现代职业教育是一种主体教育

传统职业教育追求的是对受教育者进行某种技能教育,强调受教育者对教师、学校和社会的机械服从和顺应。这种见物不见人的教育把受教育者当作教育的客体加以塑造,而不是将其当成教育的主体来加以培养,这种教育塑造出来的人,"人"味很淡,"物"性十足,缺乏主体意识和创新精神。因而,职业教育也要和其他教育一样,全面贯彻党的教育方针,而且要面向全体学生,注意学生的个体差异,促进人的个性在职业领域里的全面发展。

（二）现代职业教育是一种全民教育

职业教育是一种就业教育,因此它也是一种大众化的教育。职业教育在满足社会上个人的需要和开发个人潜能的同时,为所有人提供了技能的教育,尤其为在职人员和失业者提供了均等的培训、再培训的机会。职业教育的普及与其提供的学习技能,将会促进全世界所有公民接受教育。

（三）现代职业教育是一种文化教育

"文化教育"在这里指的是一种理念文化,包括价值观念、道德观念和思维方式。在职业启蒙教育阶段,将职业教育渗透到基础教育之中,大力开展劳动技术教育,培养中小学生的劳动意识和劳动习惯,可使他们树立起劳动至上的价值观,为学会做事奠定良好基础;在职业准备教育阶段,在传授一定文化知识和技能的同时,加强职业道德教育,培养学生学会做人,使其日后上岗就业能够热爱本职工作,无私奉献;在职业继续教育阶段,由于树立了劳动的价值观,人们懂得了作为社会人应与社会及其他社会人和谐相处,并依靠自己的双手创造财富。

（四）现代职业教育是一种终身教育

随着生产力的发展和社会的进步,人的职业、岗位能力要求会经常变动、更新,这就需要人们不断地接受继续教育或参加培训。因此,职业教育是一种终身教育。

二、对职业教育功能的理解

（一）由单纯地针对职业岗位扩展到着眼于整个职业生涯在现代社会中社会就业人员的利益导向和价值走势,常使其职业经常变更,一个人一辈子固定在一个行业或一个岗位上的时代即将消失。我国自改革开放以来,人才流动已逐渐成为一种常见的社会现象,社会成员正由"单位人"逐渐走向"社会人"。这种就业需求,必然对职业教育的目标和内涵产生影响。

（二）由满足上岗要求走向适应社会发展

职业能力不仅指操作技能或动手能力,还指综合的、称职的就业能力,包括知识、技能、经验、态度等,即为完成职业任务所需的全部内容。在职业能力的内涵中,应十分注重合作能力、公关能力、解决矛盾的能力、心理承受能力和竞争能力等非技术的职业素质。同时，随着科学技术的迅猛发展，社会职业岗位的内涵与外延处于不断变动中。因此，职业教育的教学计划不能仅着眼于当前上岗能力的需要，还应注重学生对职业岗位变动的良好适应性和就业弹性的需要。

（三）由提供学历和文凭向多方面延伸

职业教育体系总体上分为学历教育、非学历教育与培训两大部分。学历教育主要是以较长的连续时间系统地培养基层一线的技术型人才为主。学历教育有中等职业教育和高等职业教育两个层次。在非学历教育与培训中，一部分是资格证书教育、工人技术等级培训，另一部分是岗位培训、在职进修培训和短期就业培训。此外，随着世界全球化的发展，职业教育的功能由培养国内人才扩展为培养国际人才。

三、职业教育应有的理念

（一）新的职业理念

1. 动态的职业观

伴随着世界经济的发展，产业结构、行业结构和技术结构都发生了深刻的变化。行业的兴衰导致职业的存亡，而技术结构的变化又直接影响着职业结构的构成。为了适应职业的动态变化过程，职业教育工作者要有长远的眼光，不仅应当了解过去和现在社会职业的状况，还应当看到五年、十年甚至更长时期内职业教育的发展方向。对社会职业变化的高度敏感性和适应性将是职业教育在变化的时代立足和兴旺的根本。为此，职业院校必须十分关注社会职业的变化，努力改善办学条件，挖掘自身发展潜力，及时调整教学计划、教学内容、教学方式以及教学要求，以提高人才培养工作的适应性。

2. 整体的职业观

工业社会过细的劳动分工使人的职业发展出现了单一化，人的一生往往被束缚在一个零件的制造或某道工序的操作上。为了改变这一状况并提高学生对工作和未来生活的整体适应性，职业教育必须树立整体的职业观，扩大教学与训练的辐射面，培养学生多方面的工作能力，尤其是分析、判断、决策和行动的能力。

3. 人文的职业观

职业至上论和人文教育之争在普通高等教育领域由来已久，在高等职业教育中二者之间的矛盾更是特别突出。长期以来，中外高等职业教育都存在"唯职业论"的声音。人们以为，职业教育的宗旨就是为学生将来从事某种职业做准备，因此，职业院校围绕职业技术组织教学与培训工作是天经地义的事情。帮助学生获得职业技能本身并无不妥，但如何认识学生将要从事的职业，如何培养学生具备承担完成职业使命的能力却值得人们更加深入地思考。

职业并不是孤立存在的。从根本上说，职业是人类社会分工的产物，职业的本质不在于职业所要求的技术，而在于职业的社会价值。职业的社会价值的实现离不开技术，但仅仅依靠技术是远远不够的，它还要求从事职业的人具有正确的社会价值观、人生观，具有必要的人际交往能力以及其他社会生活能力。对于个人而言,职业与人们的生活更是有着不可分割的联系,职业不仅是人们谋生的渠道,还是人们从事社会生活并实现人生社会价值的舞台。现代工商业生产与服务把各种职业有机地融合在一起,信息技术的发展不但强化了各种职业之间的联系,更强化了人与人之间的联系。因此,职业教育不能单纯地着眼于技术的训练,还要从职业的人文性出发,加强学生的人文素质教育,提高学生的社会人际交往能力、社会价值判断与审美能力、社会组织与协调能力等。

(二)人本理念

1. 学生中心观

职业院校是学生开始职业生活和社会生活的桥梁,他们只有在这里获得了全面、自由而充分的发展,才能在职业生活和社会生活中游刃有余,与时俱进。为此,职业院校必须树立起以学生为中心的观念,在考虑学生整体特点的情况下,注意学生的个体差异,做到因材施教,为学生当前的生活、以后的生存和发展打下基础。

2. 素质教育观

职业教育不是一种终结性的教育,而是服务于学生发展的终身教育。职业教育不仅要适时地根据受教育者的需求特点在办学方式上做出一定的调整,更重要的是培养受教育者良好的素质。这种素质不仅表现在过硬的专业技能上,还应表现在扎实的理论基础上。受过职业教育的学生能够根据社会和职业的变化及时调整自己,并实现个体的可持续发展。

第三节 职业教育的基本特征

一、职业性

职业教育以培养生产、服务、技术和管理所需要的高素质劳动者和技术型、技能型人才为目标,具有以职业为导向、为就业服务的特点。

职业是职业教育的基础,是规范职业教育的专业、课程和评价的标准。如杜威(Dewey)所讲:"一种职业必须是信息和观念的组织原则,是知识和智力发展的组织原则。职业给我们一个轴心,它把大量变化多样的细节贯穿起来,它使种种经验、事实和信息的细目彼此井井有条。"

职业教育以学生能够就业,并能使学生能在未来的职业实践中得到发展为主要目标,教学内容以学生就业岗位需要为导向,教学环境强调与真实的环境相同或相似。

职业性并不排斥文化修养、人文道德,而是融人力、知识、技术、技艺、工作的任务与过程及行动、道德、价值、精神等于一体。同时,职业教育重视培养学生良好的职业道德、职业意识、职业纪律、职业习惯,以及忠于职守的敬业精神,其教学计划、教学过程、教学方法、教学组织、生产实习和教学实习等,都与社会职业需要,以及学生的职业活动、文化修养紧密联系。

二、技术性

技术只有通过职业教育内化到劳动者身上,才能转化为现实生产力,发挥出它的功能。技术的演变会影响职业教育发展的结构、层次、规模、课程和方法等。技术结构及产业结构的变化推动着职业教育结构的演变。技术革命及其引发的社会生产方式的变革决定着职业教育思想的发生和发展,技术革命导致了职业教育技术制度的变革。

技术可分为经验型技术、实体型技术和知识型技术,它们都是职业教育课程的主要内容。职业教育的教学过程也充分体现了技术的属性、技术传授的规律和要求。技术的学习需要重复,但重复不排斥创新。

技术的进步推动了职业教育办学模式和人才培养模式的改革。职业院校应该紧跟技术的发展趋势,通过产教结合、工学结合的基本途径,使得教育与训练并重,促进学生对新技术和新工艺的掌握,提高其就业能力。

三、社会性

世界各国的职业教育各具特色,但凡成功的职业教育模式,都与本国社会实际紧密结合。社会环境适宜职业教育的发展,职业教育就能有效地促进经济社会的发展。服务于社会是职业教育的宗旨,正如黄炎培先生所言:"职业学校,从其本质说来,就是社会性;从其作用说来,就是社会化。职业学校的基础,是完全构筑于社会需要之上的"。职业教育不可能脱离社会环境,因为它与社会劳动就业直接联系,而劳动就业又是高度综合性的社会工程,涉及国家和地域的资源、人口、经济、政治、科学、文化、社会习俗观念、有关制度措施等各个方面,所以,这些都牵动着职业教育的办学。另外,职业教育诸如联合办学、定向培养、委托培训等办学途径,也使得职业院校必然受社会多方的制约。

职业教育又是一种社会需求制约型的教育。其培养目标、发展规模、结构和速度,既受社会需求的推动,又受社会需求的约束。在不同的历史时期,随着社会需求的变化,必然会引发职业教育的发展与变革。

职业教育对社会环境的高度依存性,要求其办学必须是开放的、灵活的。职业教育只有吸纳全社会的力量才能办好。除在培养目标的确定、专业的设置、教学内容和教学方式的选择等方面要紧贴社会实际需要之外,在教学、课程、评价和管理等实施过程中,职业教育还需要行业、企业的参与和支持。只有与生产劳动和社会实践紧密结合,走工学结合之路,实行灵活多样的人才培养模式,职业教育的培养目标才能实现。

四、实践性

教育部《关于深化职业教育教学改革全面提高人才培养质量的若干意见》中提出,要加强实践性教学,实践性教学课时原则上要占总课时数一半以上;职业教育过程就是实践的过程,实践贯穿于职业教育的始终。

（一）教学内容突出实践性

职业教育在教学内容的选择上不过分强调专业的学术性、系统性、完整性和理论性。基础理论课的内容以必需和够用为原则,重理论知识中相关结论的使用而轻其推导过程。教学内容的着重点在实践操作和专业技能的培养上,摒弃学生听得多、看得多,重理论、轻实践的教学方法,而采用以实践为重、为先的方法,先做后学、先学后教、以需定教。

（二）教学方法上突出实践性

在课程安排上先建立实践教学体系,后建立理论教学体系;先进行专业课教学,后进行基础课教学;在具体教学中,先让学生动手做一做,然后归纳总结,再有针对性地开展理论学习。

（三）教学过程突出实践性

国内的职业教育无一例外地选择了突出实践性的工学结合、产教结合的教学模式。在整个教学过程中,院校的教学实训与企业实习交叉进行,从而使教学更具实践性、应用性,也更贴近企业对学生技能的要求。

五、大众性

职业教育的大众性即职业教育的人民性。职业教育是面向人的教育。因此,职业教育必须有教无类,必须代表人民群众的教育利益,最大限度地满足广大民众的需要,以服务民众为宗旨,保证人人享有接受职业教育与培训的机会,使职业指导和职业咨询面向社会所有成员。在当今社会,绝大多数的社会职业都需要经过一定的职业训练,并由获得职业资格的人来从事,这就决定了每个公民都必须接受一定的职业教育。

六、终身性

职业教育贯穿于人的一生,是实现终身教育的一种形式。一个人在一生中只有不断接受职业教育,才能具有胜任各项工作的能力。在基础教育阶段,可以对儿童进行职业意识（如"劳动光荣"）等最基本的职业素质教育;进入初中阶段后,学生接受职业教育的机会越来越多,既可以通过普通教育教学内容的渗透接受初级职业教育和培训,也可以通过分流接受以就业为导向的职业教育;进入社会以后,人们也必须根据生产科技发展的需要,接受各种职业培训,以完善自己;当人们到达一定年龄,离开职业岗位,仍然可以根据自己的特点和需求,选择职业教育的内容和类型,以充实自己、完善自己,满足自己享受教育的需要。职业教育应以更加开放和宽阔的胸怀、更加灵活多样的课程和教学模式,提供终身学习的机会和途径。

七、市场性

职业教育要满足市场对人才的需求。如果只是按教育规律办学而不考虑人才市场的需求,那么培养出来的学生,其就业难度会很大;而如果只是按人才市场需求办学,在教育过程中不尊重教育规律,那就培养不出高素质的人才。因此,职业教育既要按教育规律办学,又必须按市场规律运作,这就是说,职业教育要具有市场性。

职业教育在办学指导思想上应确立以人才市场需求为导向的运作模式。市场的需求就是设置专业的依据,企业对岗位或岗位群的具体要求就是职业教育课程和教学内容的要求,具体目标是教学要求与职业岗位要求零距离。因此,职业教育要注重相关专业领域的最新技术发展,并根据发展实际调整课程结构和教学内容,做到教学内容及时反映本专业领域的新知识、新技术、新工艺、新方法,使教学内容与经济发展相适应,与技术改革相同步。

八、多样性

突出职业教育的特点,达到教学目的,关键是教学方法。职业教育对象的多样性和教学内容的技术性、实践性,决定职业教育的教学方法应该是灵活的、多样化的。在具体的教学过程中,应该打破传统的教室与讲台的课堂模式,根据不同的教育对象和教学内容,采取具有实效性的教学方式,多角度、多方位地拓宽课堂、搞活课堂。除了讲授、讨论、问答等方式外,还可以采用观摩、模拟操作、双师型教师指导、技师带徒弟、实际工作岗位锻炼、心理考验和心理锻炼等方式。职业教育的教与学的场所,可以不受校园的限制,既可以在工厂车间进行,也可以在田间地头进行;在教学内容上可以不受普通学历教育和传统上所要求的学制年限的制约,能够根据教育对象进行调整;在时间上可以是几年、几个月,既可以是全日制,也可以是非全日制。

九、直接性

职业教育是一种产业。是产业就要讲求效益,就要讲投入与产出。职业教育的投入与产出的循环周期较短。也就是说,职业教育的效益体现得比较直接。职业教育的教学内容直观而实际,具有较强的针对性和实际操作性。不论是高层次的职业教育,还是针对性较强的职业培训,接受教育和培训的个人都能很快地把自己学到的技术和技能运用到生产实际或经济建设的实际中去,运用所学知识与技能,提高劳动生产率,在短时间内创造出物质财富和增加经济收入,而投入者也能很快从中受益。因此,不论是提高在岗人员的知识和技术水平,还是为下岗人员创造再就业的条件,或是为广大的农业劳动者传授农业科学知识,职业教育都起到积极作用。

十、适应性

职业教育的适应性就是随社会经济的发展,特别是生产技术水平的提高,而改变自身特性或发展方式的能力。它区别于普通教育的规定性,是其独有的特征。职业教育的适应性表现在以下几个方面:①职业教育制度的适应。国家发展职业教育,建立健全适应社会主义市场经济和社会进步需要的职业教育制度,包括办学方向、办学层次、教学内容、职业培训机构及对职业教育管理等,始终处于主动适应的位置,适应社会经济发展的需要。②职业教育对象的适应。受教育者不应只是具有过于狭隘的职业性质或局限于一种技能的掌握,因为瞬息万变是这个时代的特征,所以,职业教育必须使受教育者有很强的适应性。

十一、中介性

职业教育是把人力优势转化为智力优势,再把智力优势转化为生产力的重要桥梁,它还是教育与职业之间沟通的渠道。"教育不与职业沟通,何怪百业之不进步""要发展社会,革新教育,舍沟通教育与职业无所为计",由此表明,职业教育的中介性就是指职业教育在人的发展和社会发展之间、教育和职业之间的特殊位置。就是说,职业教育促进人的个性发展和社会进步,不是普遍性或者是特殊对象性的,而是直接对应于社会需要和个人生存的,是促进科学精神与人文精神的结合,是促进社会发展需要的个性素质,是使人的个性更适应社会直接需要的发展的、提高的、更新的中介加工,是其间最基本的桥梁。

十二、产业性

职业教育兼具教育性、产业性的双重特性,其与市场经济的有机融合,主要是通过人才供需关系的平衡协调来实现的。职业教育的产业化运作是指,职业教育的运行机制和管理模式要面向市场,进行投入与产出分析,并对其成本进行严格核算。职业院校要在国家的宏观调控下,按教育规律和市场规律办事,成为自主管理、自主办学的法人实体,逐步形成"原料采集(招生引资)—生产(教育教学)—销售及售后服务(推荐就业及业后培训)"一条龙自主运行机制。

第四节　职业教育的目的与任务

一、职业教育的目的

(一)职业教育目的的内涵

现代职业教育是适应现代科学技术和生产方式,系统地培养生产服务一线技术技能人才的教育类型。社会对职业教育的要求就是对人才规格和质量的要求,即职业教育目的。

职业教育的目的是根据不同社会的政治、经济、文化、科学、技术发展的要求和受教育者身心发展的状况确定的,它反映一定社会对受教育者的要求,是职业教育工作的出发点和努力方向,是制订其教育规划、编制课程、开展教育活动、评价教育效果的价值尺度和根本依据,是进行教育教学改革及确定未来发展方向的基本指南。

一个国家的职业教育的目的,是这个国家教育总目的和教育方针在职业教育系统中的具体反映,也是各级各类职业技术院校确定培养目标的依据。

职业教育目的具有明显的时代性、适应性、前瞻性、相对稳定性和连续性。至今,关于职业教育的教育目的,虽还没有一个完整而公认的表述,但综观我国各个历史时期对职业教育目的的阐述,它应包含以下内容:

第一,全面发展。不同时期、不同层次、不同专业的职业教育目的,无不要求接受职业教育的对象能够全面发展。

第二，人才类型是技能型和技术型。

第三，人才层次是初、中、高级专门人才。目前，职业教育呈现层次高移的趋势，人才层次主要以高级专门人才为主。

第四，工作场合是基层部门、生产一线和工作现场。

第五，工作内涵是将成熟的技术和管理规范变为现实的生产和服务。

（二）职业教育目的的结构体系

职业教育目的是指国家总的职业教育目的，即国家对职业教育应培养什么样的人的总要求。各种类型职业技术院校，无论具体培养什么社会领域的人才，也无论培养哪个层次的人才，都必须使其培养的对象符合国家提出的教育总要求。我国现行的职业教育目的是培养一大批有一定科学文化基础和较强综合职业能力的，德、智、体、美、劳全面发展的，在生产、技术、服务、管理等一线工作的各级各类专门人才。

1. 教育目的

教育目的是国家对培养人的总要求，是对所有受教育者提出的具有高度概括性的总体性说明。不同类型教育的目的，在总教育目的的规范下，分别侧重为社会培养所需要的人。

2. 培养目标

培养目标是各级各类院校对培养人的要求，是教育目的的具体体现，是针对特定的对象提出的，是根据院校性质对培养人提出的特定要求。

3. 课程目标

课程目标是指导整个课程编制过程的最为关键的准则。确定课程目标，首先，要明确课程与教育目的、培养目标之间的衔接关系，以便确保这些要求在课程中得到体现；其次，要对学生的特点、社会的需求和学科发展等各方面进行研究。

4. 教学目标

教学目标是教育者在教育教学过程中完成某一阶段工作时，希望受教育者达到的要求或产生的变化结果。它是课程教学目标及教学过程中的教学目标，是指导、实施、评价教学的基本依据。教学目标是课程目标的进一步具体化。

在职业教育目的的层次结构内部与上下层之间抽象与具体的关系方面，上层教育目的必须落实到一系列下层目标的行动上，而每一项教育行动又是构成上层教育目的必不可少的一部分。教育、教学目标循序渐进地积累，不断向培养目标和教育目的逼近，最后达到教育目的的要求。需要指出是，"目标"与"目的"有习惯上的区别，相对而言，目标比目的更精确、更具体。教育目的对教育实践具有方向性的引导作用，适用于一个较长的时期；而教育、教学目标则为师生实现教育目的提供工具、启示方法和指导步骤，它往往是为一定的学校、专业、课程和个人设定的，容易在短期内实现。目标可以检测，而目的不能检测，但在教学中必须领会目的。

二、职业教育的任务

职业教育的任务是职业院校为达到教育目的和学习培养目标而设计的教育教学活动，

是教育目的的具体化,上承教育目的、下启教学内容,对教育教学方法、组织管理都有直接的影响。

(一)坚持育人为本,德育为先,把立德树人作为根本任务

职业教育坚持立德树人,就是要全面贯彻党的教育方针,遵循职业教育规律和技术技能型人才的成长规律,培养德、智、体、美、劳全面发展的社会主义建设者和接班人。立德树人,重在全面发展,同时使技术技能人才重点具备三个方面的素质:一是体现社会主义核心价值观要求的思想道德素质;二是以支撑职业生涯发展为重点的知识技能素质;三是以提升生活品质和审美情趣为重点的人文素养。

(二)使学生掌握一定的职业基础知识和运用这些知识解决实际问题的技能、技巧

首先,使学生掌握在某一职业领域具有相对稳定和广泛适应的职业基础知识,如有关某职业领域的基本事实、基本概念、基本原理、一般规律、劳动常识、科学的工作方法等,这是职业教育中教学的基本任务。其次,开展职业能力教育,包括技能和技巧两个方面:技能是指与学习相关的基础知识所必需的,按一定规则与程序完成操作的能力;技巧则是熟练化、自动化的技能。知识是内在的、静态化的东西,而技能、技巧是运用知识完成一定任务的能力。技能、技巧不仅表现在动作方面,还表现在心智方面,如智慧技能(读、写、算的技能)、感觉技能(听觉、触觉、嗅觉、视觉等技能)等。

(三)提高学生的职业能力,发展其智力、体力

职业能力是一种综合实践能力,是职业活动的核心。提高学生的职业能力是职业教育教学的主要任务,这是由教育培养目标和其教学目的所决定的。一个受过职业教育和培训的人,应该具备适应岗位工作的能力,能够独立工作并具有进一步提高工作效率的能力,同时,要具备与职业相关的知识和态度,以及实践经验、动手能力和自学、自我评价能力。

职业教育中的教学,一方面,追求"职业适应能力"这一基本目标;另一方面,旨在开发学生潜在职业能力和一般能力,其中"智力"和"体力"是发展职业能力的两大支柱。发展学生的智力必须对前人的知识、经验合理地吸收、消化、提炼,同时,要点燃学生创造的激情,培养良好的思想和心理品质。身体健康是人一切发展的基础,没有健康有力的体能就难以胜任职业岗位的需要。全面发展学生的身体素质和运动能力,提高其身体适应外界变化和抵御疾病的能力,增强学生自我保健的意识与能力,帮助学生养成良好的卫生习惯和锻炼身体的习惯,是职业教育教学中不能轻视的重要任务。

(四)加强对学生的职业道德和劳动审美教育,促进学生全面和谐发展

社会公德、家庭美德、职业道德和个人良好的修养构成了道德教育的基本要素。在职业教育中,教师应突出和加强对学生职业道德的教育,使其树立行业平等意识和通过从事一定职业为社会服务的职业观念。良好的职业素质是在长期的培养和实践中形成的。教师要培养学生敬业、乐业的精神和讲究效率、效益、精益求精、团结协作的精神,使他们具有丰富的美感、乐观的态度、顽强的意志、坚韧的性格,养成惜时、守时、诚实、自尊、自爱、自强、自信、平等待人等优良品质和认真、严谨、踏实、谦虚、进取的良好作风;教师要培养学生养成正确

的职业态度、顽强的职业意志、积极的职业情感、高尚的职业志趣和强烈的职业责任感,以及质量至上、遵纪守法、爱护环境、科学管理、优化服务等自觉意识和行为习惯。

培养学生正确的职业审美观是职业教育的一项不可或缺的任务。教师要通过直接教学和渗透性教学等方式,提高学生的职业思想修养、科学素质修养和职业艺术修养,从而为其形成正确的职业观打下牢固的基础。

第五节　职业教育的地位与功能

一、职业教育的地位

（一）职业教育地位的内涵

职业教育地位的内涵应该有四层意思:

一是指职业教育在人们心目中的位置。

二是指职业教育在地域内经济建设和社会发展中应处的位置。职业教育是一种在经济建设和社会发展过程中起重要推动作用的社会活动。各国关于职业教育地位的阐述,一般也是指职业教育在经济建设和社会发展中应处的位置。

三是职业教育作为一种教育类型,它在整个教育体系中所处的位置。职业教育在教育体系中到底应处于什么位置？与其他类型的教育是什么关系？职业教育是不是某些人所认为的一种地位"低下"的从属于其他教育类型的教育？对于这些问题的认识既影响职业教育本身的发展,也影响整个教育事业的发展。

四是指职业教育在人的发展中所处的位置。从根本上讲,职业教育是培养人的,它在经济建设和社会发展中的作用也是通过培养人来实现的。

（二）职业教育的地位

职业教育是国民教育体系和人力资源开发的重要组成部分,是广大青年打开通往成才大门的重要途径,它肩负着培养多样化人才、传承技术技能、促进就业与创业的重要职责。

首先,职业教育是促进人的个性发展,直接适应经济社会发展和个人生存需要的主要中介。职业教育的中介地位,是指职业教育在人的发展中的特殊位置。职业教育促进人的个性发展,不是普遍性的或者是特殊性的,而是直接对应于社会需要和个人生存需要的。

其次,职业教育是在基础教育之上的与普通（专业）教育相对应的一种教育类型,是继续教育、终身教育的主要内容。第一,职业教育是在基础教育之上的教育；第二,职业教育是相对于普通教育的分类,按社会职业、经济社会发展的岗位分类培养学生；第三,在社会需求和人的发展总体规划中,职业教育更具有终身性和广泛性。因此,职业教育在整体教育中具有十分重要的地位。

再次,作为与经济社会联系最为紧密的教育,职业教育在经济社会发展中具有优先地位。相较于普通教育,职业教育与经济社会的联系更为紧密。这是因为:①职业教育直接为经济社会培养生产、服务、技术和管理第一线的应用型人才；②经济社会对职业教育有着大量需求;③职业教育具有转化现实生产力的功能,是先进的科技、设备和人力资源转化为现实生产力的直接桥梁。

最后,作为一种决定人的职业并与人相伴终身的教育,职业教育在个人的发展中处于重要地位。马克思指出,大工业的本身决定了劳动力的变换、职能的变动和工人的全面流动。随着生产力的发展和社会的进步,人的职业、岗位、技能会经常变动、更新,这既是客观环境变化的必然,也是人的个性发展的需要。这就需要人们经常不断地从事这样或那样的职业,并接受职业技术教育或培训。

二、职业教育的功能

(一)职业教育的经济功能

职业教育是现代经济和社会发展的必要条件,是生产工业化、信息化、产业化和现代化的重要支柱,在经济社会发展中起着重要的战略性、基础性和先导性作用。

1.职业教育为经济发展创造了必要的基础条件

职业教育的规模和水平影响着产品质量、经济效益和发展速度。职业教育为经济与科技相结合提供了桥梁和纽带。

2.职业教育具有直接将人由潜在劳动力转变为现实劳动力的功能

职业教育是教育与经济的结合点,是增加物质生产过程中智力因素的重要手段,是培养受教育者直接从事某种职业的一种专门化教育,在开发和提高人的劳动能力方面以直接、快捷、效果明显而著称。

职业教育直接将人由潜在劳动力转变为现实劳动力,是通过对劳动者进行职业能力和职业素质的教育来实现的。一方面,通过职业教育使学生掌握必要的文化基础知识、专业理论知识、实践技能及职业道德等职业能力和职业素质,将学生以其特有的方式从"学校人"向"社会人""岗位人"转化,为其就业做好充分的准备。另一方面,随着科学技术的发展和知识经济的兴起,新知识、新技术大量涌现并不断产生新的职业,即使是某些已有的职业,也在不断地引入新技术。职业教育对已经走上工作、生产岗位或需要转换岗位的人员,以及正在谋求就业的人员进行履行岗位职责所必需的文化知识、专业技术和实际能力教育与培训,使受教育者以职业技术培训的方式从"社会人"向"新岗位人"转化,使其具有综合运用专业知识解决具体问题的能力,具有解决现场突发性问题的应变能力和一定的操作能力,以及将职业道德等技能转变为现实劳动力的能力。

3.职业教育是提高劳动力配置效益的重要方法

职业教育,尤其是适当的职业指导,能将不同能力倾向、兴趣爱好的人导向相应的职业岗位,使个性特征与社会需要相结合,充分发挥人的潜能,从而提高劳动力的配置效益,促进经济的发展。职业教育通过专业结构、层次结构的调整以及继续教育,促进劳动力的合理流动,促进社会经济的发展。在经济发展缓慢期,社会对劳动力的需求缩减,通过职业教育对劳动力的培训可以暂时将劳动力储存起来,减轻劳动力过剩对经济发展的压力,调节劳动力与经济发展之间的供求矛盾,为经济健康发展服务。

4.职业教育是提高劳动生产率的重要措施

职业教育通过培养劳动力的专业素质、发展劳动力的智能、培养劳动力的思想品德、传授劳动力生产技术来提高其劳动生产率,进而促进生产由简单劳动密集型向复杂劳动密集型(即技术密集型)转变,实现职业教育对经济的促进作用。职业教育依据人的身心发展规律,传授系统的技术知识,训练科学的生产技能,循序渐进地开发个体在职业方面的潜力,使个体获得职业所必需的知识、技能以及自我学习的能力,促进个体在职业岗位上提高劳动生产率。职业教育通过提高劳动力的技术水平,发展其智能,使劳动者提高运用新技术、新工艺、新设备的能力,并能使劳动力有更多的技术革新和生产创新。职业教育通过培养劳动力的安全意识和设备保养与维修的能力来减少生产事故,降低生产工具和设备的损坏率。职业教育通过培养劳动者的职业道德、专业思想,影响劳动者的劳动态度,从而间接影响劳动生产率。

5.职业教育是提高经济管理水平的重要因素

经济组织能否进行现代化的管理以及管理有效程度的高低,与劳动力素质的高低有关。职业教育通过塑造劳动者的现代人格,实现劳动力的现代化,从而使劳动力能认同组织文化,能与现代管理要求相一致,并积极配合管理的施行,进而提高现代管理的效能。

6.职业教育具有将科学技术直接转化为推动经济发展动力的功能

职业教育具有把科学技术转化为直接生产力的作用。它通过对科学技术知识的传授,使受教育者掌握现代科学技术成果,以科学技术知识的利用和推广的方式,将科学技术转化为直接的生产力,从而保证科学技术再生产的顺利进行,进而推动经济发展。

7.职业教育具有转化现实生产力的功能

职业教育是先进的科技、设备和人力资源转化为现实生产力的直接桥梁,可以促进社会经济增长方式的转变和社会的可持续发展。社会主义现代化建设不但需要高级科学技术专家,而且迫切需要千百万受过良好职业教育的中、初级技术人员、管理人员、技工和其他受过良好职业培训的城乡劳动者。没有这样一支劳动技术大军,先进的科学技术和先进的设备就不能成为现实的社会生产力。

职业教育是促进经济社会发展的直接的、基础性的要素。根据马克思主义的观点,经济社会发展的根本是生产力的提高,而掌握科学技术、运用劳动手段、作用于劳动对象的生产者是生产力的核心要素,并且实践型人才和直接生产者的培养基础在职业教育。所以,职业教育是工业化和生产社会化、现代化的重要支柱。当前,世界经济社会发展的新变化,以及资源、能源、环境、人口等方面的制约,都要求我们把经济增长方式转移到依靠科技进步和提高劳动者素质上来。这就要靠职业教育把我国的人口压力转化为人力资源,促进科学技术向生产力的有效转化。

8.职业教育是走新型工业化道路的纽带和桥梁,是中国制造向中国创造迈进的有力支撑

新型工业化道路主要是指科技含量高、经济效益好、资源消耗低、环境污染少、人力资源得到充分发挥的工业化道路。它的发展离不开足够数量的技术技能人才、高素质的劳动者。

只有大力发展职业教育,才能提高社会劳动生产技术的整体水平,提高社会劳动力的整体技能素质。

若想实现"中国制造"走向"优质制造""精品制造",实现价值链与产业链的升级,核心需求是人才,是数以亿计的高素质劳动者和技能型中高端人才,而实现这一需求的关键在于职业教育。职业教育必须全面对接现代产业体系建设,即专业设置与产业需求对接、课程内容与职业标准对接、教学过程与生产过程对接、毕业证书与职业资格证书对接、职业教育与终身学习对接。根据国家产业优化升级的部署,职业教育需要调整专业结构,加强课程体系建设,与时俱进、不断拓展,培养大批中高端技能型人才,为实体经济与现代产业、新兴产业的发展提供重要支撑。

9.职业教育对区域经济社会发展的促进作用

区域经济社会的发展取决于该区域拥有的物质资源、自然资源和人力资源,但根本上取决于该区域人力资源的质量,即劳动者的综合素质。高素质的劳动力资源和合理的人力资源结构是经济社会发展的决定性因素。职业教育作为人力资源开发的重要渠道,是培养现实的、直接的生产力,解决就业难问题,提高经济增长率,改变经济增长方式的有效途径;是劳动人口转化为现实生产力的最佳途径。另外,职业教育对促进区域经济繁荣和改善贫困人口福利方面起着重要的作用。因此,职业教育发展的规模、质量和结构将直接影响区域经济社会发展的总体水平。具体说来,职业教育在促进区域经济社会发展方面,主要有以下几点功能:一是促进区域较快地改造传统农业,提高农业劳动生产率,促进农村劳动力的转移,消除二元经济特征。二是促进区域产业结构的调整升级。职业教育对于培养短缺的技术技能型人才、促进产业结构的调整和升级具有显著的作用。三是提高区域吸引外资的能力。职业教育在丰富人们的知识、提高人们的技能的同时,还能够调动人们的积极性和主动性,培养和激发人们的道德精神,使其从事健康的、有益的活动,改善企业投资所需的经济、文化等环境,为企业投资创造一个自由、宽松和合理的空间。

(二)职业教育的社会功能

1.职业教育是人力资本形成的重要途径

(1)职业教育能将人口资源转化为人力资源

职业教育必将为人口资本的转化和人力资源的开发发挥巨大的作用。只有将人力资源作为第一资源,大力发展教育,开发人力资源,才能将人口资源优势转变为人力资源优势,把潜在的优势转化成现实的优势。

(2)职业教育是提高人力资源质量的最佳途径

大力发展职业教育和职业培训能够促进劳动者对技能的掌握,进而提高人力资源的质量。首先,职业教育通过培养人的职业道德、职业行业规范、敬业精神等来提高人力资源的质量。其次,职业教育可提高人力资源的职业素质。职业教育作为就业准备教育,其重点是培养人的专业技能和各种职业能力,因而在提高人的职业素质方面具有其他教育形式所不具备的独特优势。最后,职业教育规模的扩大,可以提高整个劳动群体的素质。职业教育和职业培训具有针对性强、教育周期短和收效快的特点。具体体现在教育效益比较直接,接受教育和培训的个人都能很快地把自己学到的技术和技能运用到生产实际或经济建设的实际中去,并发挥所学知识与技能的作用。

(3)职业教育是促进人力资源合理配置和有效使用的有效手段

职业教育是在经济发展计划中实现劳动力资源平衡的一个杠杆。国家通过对各类职业教育发展的速度、规模进行有计划的调控,提高群众的就业能力,提供就业指导、职业介绍,影响群众就业方向和储备人才资源,实现劳动力资源平衡。职业教育具有社会福利功能,即通过职业教育提高处于不利地位的社会群体的就业能力,增加他们的就业机会,这有利于相关社会问题的解决。可见,职业教育肩负着开发、调节、储备社会劳动力资源,促进经济发展、社会安定的重大使命。

2.职业教育具有为促进就业和再就业提供服务和保证的功能,是解决就业问题的重要手段

就业是民生之本,也是长期困扰我国经济社会发展的突出问题,其直接关系到广大民众的根本利益。职业教育是解决我国就业问题的重要手段之一,虽然从辩证的角度来看,就业和再就业是制约职业教育发展的"瓶颈"问题,但反过来,职业教育具有为就业和再就业提供服务和保证的作用。首先,要尽力发挥职业教育以就业为主的作用,突出职业教育的特色和优势,形成集学历型和非学历型、职前与职后培训于一身的职业教育机制,使受教育者有机会并有能力适应现有工作岗位及随时变化的工作岗位需要;其次,职业教育具有实施就业课程开发、职业资格的预测和指导咨询的作用,即职业教育必须围绕就业状况及再就业发展变化趋势进行课程和培训计划的开发与制订,并进行科学预测,为受教育者提供有使用价值的职业指导与咨询,实施教学与培训行为,促进各阶层人才更好地就业、再就业和自主创业。

3.职业教育是推进农村现代化进程的重要动力

在我国,农业、农村和农民问题是关系改革开放和现代化建设全局的重大问题,而农村现代化建设是我国现代化建设的关键。推进农村现代化建设首先必须加快农业生产的现代化。要加快农业机械化和现代化速度,就必须让广大农民掌握从事机械化生产的技能。因此,必须大力发展农村职业教育。农村职业教育或农业职业教育如何为发展农业、改造农村、富裕农民提供有效的智力和技术支持,一直是政府倡导、社会关注、教育界参与的重要问题,也是我国职业教育和成人教育的重点和难点。

4.职业教育是创建终身教育体系和学习型社会的重要支柱

社会发展无止境,科学技术和生产力的创新同样无止境。终身教育、终身学习和学习型社会是21世纪国际社会和教育领域影响力最大的现代教育思潮。职业教育和培训,既是与经济和市场直接联系的,培养应用型、技能型人才的就业教育,又是面向不同层次学生和全体社会人员的全民教育,是终身教育体系和学习型社会的重要支柱。因此,职业教育能为建构终身教育体系和形成学习化社会奠定基础,即在建构终身教育体系和形成学习型社会中,职业教育发挥着不可替代和不可或缺的作用。

5.职业教育能提高人民生活水平

职业教育能提高人们的物质生活水平与精神文化生活水平。用于职业教育的投资可以带来巨大的、长期的社会效益与经济效益,从而不断地增加物质财富,提高人们的物质生活水平。同时,职业教育体系渐趋完善,中职与高职教育实现衔接,使中职学生能够实现获取高层次学历的愿望,从而吸引更多学生进入职业教育院校学习,进而促进文化教育的消费,起到推动经济发展的作用。

(三)职业教育的文化功能

职业教育不仅是在一定的政治、经济条件下进行的,同时,也处于一定的文化背景之中。一定的文化背景与职业教育之间必然产生一定的联系,这主要表现在:在职业教育的发展过程中,文化以其特有的约束力,以一种潜在的方式影响着职业教育;职业教育则通过选择、传播、整理等方式促进着文化的发展。

1. 职业教育具有保存、传递、更新、创造文化的功能

职业教育是随着人类社会生产和社会活动的发展而发展的,并与人类的政治伦理文化、科学技术文化、审美艺术文化、习俗文化等有着特殊的密切联系。职业技术院校进行的职业道德、职业纪律、职业责任和敬业精神教育,都弘扬着具有鲜明时代特色的政治伦理文化;工业、农业等专业的职业技术传授,都继承和发展着科学技术文化;工艺美术、建筑等专业的教学活动,传递着审美艺术文化;服装、饮食、旅游服务等专业,继承和发展了具有民族特色的习俗文化。职业技术院校在教育教学活动中,通过选择、整理,去粗取精,使不同类型的文化更具民族性、地方性、时代性、科学性,使下一代成为以掌握某类文化为职业的专门人才。人类文化可以通过职业教育媒介向社会传播、普及,进行广泛的社会交流,进而推进建立与现代经济结构、政治制度相适应的文化形态和文化结构。

2. 职业教育具有吸引和借鉴世界先进文化的功能

近些年来,随着我国改革开放的深入,职业教育开展了多方面的国际交流和协作活动,丰富了文化传递的内容,有力地推动了我国社会主义文化的发展。就职业教育本身来说,近年来,我国借鉴职业教育发达国家的经验和做法,并结合我国现状进行了创造性的研究与实践。

3. 职业教育具有促进企业文化发展的功能

现代职业教育与企业有着天然的联系,这种联系表现在文化上:一是聚合企业文化。职业教育反映一定历史时期企业文化的精髓,用现实生产力和生产关系的内核决定教育的方向和内容;复制企业的优秀文化,然后进行优化、强化,进而渗透在教育中。二是选择企业文化。企业文化有地域之分、绩效之分,甚至优劣之分,定向服务的职业教育必须根据人才培养的规律和自身面临的社会政治、经济、文化背景和易于与校园文化相融合的角度来选择最合适的企业文化,这才是有效的。三是传递、传播企业文化。企业文化都有一个形成和发展的过程,在时间上职业教育通过传递使之延续,在空间上职业教育通过传播使之流动,从而让足够多的人接受企业文化,发扬和发展企业文化。四是创新企业文化。职业教育把现有的企业文化不断转化为学习者的知识、能力、行为规范后,又创造性地反作用于客观的企业文化,赋予企业文化以新的内容和特质,同时,在这一过程中,不同产业、不同行业、不同企业,甚至不同国度的文化通过职业教育相互交融,彼此促进。

第二章

职业教育的教学

第一节　职业教育的教学原理与过程

一、职业教育的教学本质

（一）教学的含义

教学的含义，不同的历史时期所指不尽相同，不同层次与研究领域的使用与研究者，对教学的界定也是各不相同的。

1. 教学即教授

在我国，19世纪末20世纪初较为流行的观点便是教学即教授，意为教师的教。人们非常重视教师的"教"，以及"怎样教"。在国外，"教学"有"说明"的意思，即教授、讲授，同样偏重于教师的教。

2. 教学即教学生学

这种观点强调教源于学，教的目的是学生的学。这与国外"教学即成功"有相同之处。

3. 教学即教师的教与学生的学

这种观点已普遍被人们所接受。从构成教学活动的要素看，活动的主体是教师与学生，教师与学生以课程内容为中介，以一定的目的为追求而共同参与到同一活动中去，构成完整的教学活动，即教师的教与学生的学。教学的本质目的是学生的发展、学生的学习。教师的教，目的是引起学生的学，以达到社会要求。因此，教师的教和学生的学是教学活动同一过程的两个方面，彼此不可分割地联系着。

（二）教学的本质

教学的定义有很多，解释各异。概括来说，教学是在教育目的指引下，以课程内容为中介而进行的教师的教与学生的学的双边活动。在这个活动中，通过教师的引导作用，使学生掌握一定的知识、技能，形成一定的能力、态度。在教学活动中，一方面，教主要是教师的行为，是一种外化过程；学主要是学生的行为，是一种内化过程；另一方面，教与学互相依赖、互为基础。在教学情境中，教师的教就意味着学生的学，学生的学也蕴涵着教师的教，不存在没有教的学，也不存在没有学的教。教为学而存在，学又要靠教来引导。

（三）职业教育的教学

职业教育的教学，是指在人才培养目标的指导下，以职业教育课程内容和实践为载体，教师有目的地教学生学与学生主动地学习知识和训练技能，进而形成职业能力的双边活动。

（四）职业教育教学的特点

1. 教学目的的职业性、实用性

学生进入职业院校，就要根据未来职业的需要进行定向培养，教学内容、教学过程、教学方法、教学组织等各个方面均应反映特定的职业特色和风格，带有该职业的烙印。职业教育培养的是技能性、技术型的人才和劳动者，追求的不是理论水平，也不是学历文凭，而是一种能满足某一职业或工作需要的综合职业能力，是一种以培养职业能力为基础的教育。职业院校教学从将来工作需要出发,注重知识的实际应用,重视与生产过程相衔接。

2.教学内容的综合性、先进性

职业院校的服务范围广泛,培养目标跨度大,既可以培养以从事脑力劳动为主的技术人员、管理人员,又可以培养以从事体力劳动为主的技术工人和其他劳动者;培养的人才既具有专业特长,能顶岗劳动,也有一定的通用性,一专多能,满足转换职业和在职提高的需要。这就要求职业院校的教学内容具有综合性,要开设文化课、专业技术课、专业课、综合实践课和实训课等。

当今社会,知识技术更新速度快,社会生产中出现的设备、工艺、产品更新周期短,产品批量小,质量要求高,职业教育应及时调整教学内容,与现代生产技术水平要求保持一致。

3.教学对象的复杂性、终身性

首先,教学对象的年龄、阅历层次复杂;其次,学生的学习基础、学习目的、学习动机,以及对所学专业的认识、情感等有着较大的差异,自然就存在着各种各样影响学习的消极因素,提高了教学的复杂程度。

当今世界,全球化程度越来越高并不断快速发展,新技术的广泛使用、信息呈指数性质增长、人口流动、社会转型、气候变化,以及可持续发展等都需要社会从业人员不断更新知识、拓宽视野、培养能力,增强人的发展活力和后劲。职业教育教学,不仅要考虑学生第一次就业需要,而且要为其再学习提供基础,应着眼于劳动者的整个职业生涯。

4.实践教学的中心性、多样性

职业教育实践教学的任务就是通过教学实训、生产实习等综合实践课程,使学生巩固、加深、补充在理论课教学中所学到的知识,掌握必要的职业技能,形成职业能力,实现自身价值。因此,文化课、基础课、专业课应围绕实践组织教学内容,为实践教学服务。

实践教学的组织可采用实验、教学实习、生产实习、技术推广等多种方式进行,可以在校内的教室、实验室、实习车间进行,也可以在校外的实习基地、生产现场进行。不同的教学环境是为不同的教学内容和目的服务的,各种环境相互补充、相互促进,使得学生在真实岗位环境中可以获得最优化的教学效果。

二、职业教育教学的基本规律

教学规律是教学及其要素发展变化过程中的本质联系和必然趋势。基本规律,是指不但具有必然性和稳定性,且对教学过程的性质、方向和结果具有决定作用的本质联系。一般来说,教学的基本规律包括教与学相互依存的规律、教学与发展相互促进的规律,以及间接经验与直接经验相互作用的规律。

职业教育的就业导向属性,必然使得职业教育教学除具备教育的基本规律外,还具有特殊的教学规律。

(一)职业教育教学目标以职业能力为本位

职业院校的教学既要为人的生存考虑,又要为人的发展打下坚实的基础。因此,职业能力培养就成为职业教育培养目标的核心追求。

职业教育教学目标着重于学生职业能力的培养。形成职业能力比习得专业理论知识、获得职业资格更重要,能力本位的教育就是素质教育在职业教育中的体现。个体职业能力取决于专业能力、方法能力和社会能力的整合,这样当职业岗位发生变更,或者当劳动组织发生变动的时候,个体依然能在变化了的环境里积极寻求自己新的坐标点,进而获得新的职业资格。

（二）职业教育教学过程以工作过程为导向

任何职业劳动和职业教育都是以职业的形式进行的,这是职业教育属性的最本质表述。职业教育的这一属性反映在教学中,集中体现为职业教育的教学过程与相关职业领域的行动过程的一致性。

以职业的工作过程为参照体系的职业教育教学过程,强调在工作过程中所包含的行动过程和学习领域展开教学,即教学主要围绕着有关生产设备、工具、工艺流程、加工方法的知识和操作技能等生产技术方面的学习和训练而展开。

（三）职业教育实践教学以多元为模式

探索多元工学结合模式是职业教育发展的迫切要求,即根据企业的生产特点和运行状况调整教学计划和安排,组织实践教学,通过采用顺序图、框架图的方式,使原来难以把握的实践教学过程成型、固定,形成一定的程式,以提高实践教学的规范化水平。另外,以产品质量、工作态度和团队合作为核心指标的系统实践考核,可以提高实践教学的效果。

（四）职业教育教学过程以企业深度参与为主体

校企的深度合作已经成为职业院校谋求生存发展的一个最重要的主题。在教学组织形式上,可根据企业的要求制订教学计划,安排教学内容;企业可派兼职教师到院校承担专业课的教学任务,促使学生融入企业。院校企业可通过多元合作发展长期合作伙伴关系,把企业的生产和管理引进院校,探索校企深度合作的职业教育集团化发展新平台,使企业参与院校的发展决策,把企业的人力资源要求完全与院校的教育教学目标相接轨。

三、职业教育教学原则

职业教育的教学活动既与一般教学活动有共通性,又有自己的特殊性。在职业教育教学活动中,除了要遵循一般教学活动的教学原则（直观性原则、启发性原则、系统性原则、量力性原则、思想性和科学性相统一的原则、理论联系实际的原则）以外,还应遵循以下原则。

（一）职业性原则

职业性原则包括两方面的含义:一是指职业院校教学活动的展开应该以职业岗位需求为依据,以就业为导向;二是指在职业院校的教学过程中,要注意立德树人与学生职业意识和责任意识的养成相结合。这是职业院校教学的首要原则。贯彻此原则要做到以下几点:

①明确专业（工种）未来职业的形式、范围、规范和环境、特点、要求,并据此明确其应有的职业道德及职业知识、技能和能力的结构,以及该领域中科学技术发展的新成果。

②教学活动要从职业岗位需求出发去培养、训练和陶冶学生。

③要根据学生未来职业的需要进行职业定向、职业指导;要着重培养学生的职业知识、

职业技能、职业能力、职业道德,使之毕业后能立即或很快地适应某种或某些职业的需要。

④坚持立德树人。通过组织开展岗位实践活动,培养学生的职业道德、服务意识、质量意识、合作意识,以及社会责任感等。处理好全面素质发展、职业技能培养和个性需要之间的关系。

(二)实践性原则

实践性原则是指在教学过程中,教师要引导学生从理论与实际的结合中理解知识,并运用知识去分析、解决实际问题,做到学懂会用、学用结合、学以致用。培养学生以知识为中介分析问题和解决问题的实践能力,是职业教育培养目标的内在要求。该要求突出理论与实践的结合,即联系学生实际,联系专业实际。贯彻此原则要做到以下几点。

1.教学活动以培养学生的实践能力为追求目标

理论教学要以实践教学的需要为依据,根据学生未来的职业岗位需求有序地进行。实践教学要在理论教学的指导下,让学生熟悉工作环境,掌握岗位工作程序,了解岗位工作中的困难和问题,寻找完成工作任务并创造新的岗位业绩的途径,使学生亲身接触经营管理、人际关系、劳动纪律等,从而对其产生潜移默化的作用,为他们形成职业习惯、获得职业经验提供机会。

2.加强教学实践活动

根据教学内容的要求,有明确的目的和详细的计划,组织学生进行教学实践活动,促进理论学习和知识运用的结合,增加学生的直接经验,促进其对理论知识的掌握。

3.充分发挥实践教学场地的作用

要充分发挥校内实践教学场地(如实习车间、实验室、演示室等)的作用,同时,还要充分利用校外企业事业单位的生产、营业和办公现场对学生进行具有针对性的、与现实生产或工作相一致的培训,尽量让学生亲自动手实践,提高其实际工作能力,积累其工作经验。

(三)情境性原则

情境性原则,是指在教学中通过创设某种实践情境,让学生参与并感受其中,引导学生形成事物的清晰表象,使学生获得生动鲜明的感性认识,掌握理论知识,形成一定的职业实践能力。贯彻此原则要做到以下几点:

①职业教育教学过程要以该专业所对应的典型的职业活动的工作情境为导向,在真实或模拟的职业实践情境中展开。

②根据不同的教学目标、教学内容创设不同的情境。以现实生活中的真实的工作环境,或运用现代教育技术创设的虚拟的、逼真的模拟情境等,创设实际生活情境;结合专业课的特点运用案例教学、根据学生感兴趣的生活热点等设计问题情境。

③激发学生的职业兴趣和职业情感。职业情境的创设缩短了学生与工作环境的距离,可以使学生置身于具体情境,了解工作环境、工作流程、岗位设置等。应让学生尽快适应职业角色,养成职业习惯,切身感受自身发展和专业的关系,养成职业自豪感、幸福感、成就感,从而培养学生爱业、乐业的精神,形成职业情感。

（四）指导性原则

职业院校的教学过程是学生在教师的指导下,相对独立地学习专业理论知识和从事专业实践活动的过程。贯彻此原则要做到以下几点。

1.入门指导

通过检查复习,引导学生运用已学过的技术理论知识和生产操作技能,加强新旧知识的联系和迁移;通过目的明确、内容具体、方法得当、语言简练、重点突出、条理清楚地讲授新课,对设备、材料、工具、图纸、加工工艺、可能发生的故障、技术要点、文明生产、操作规程等进行清楚的讲解;通过步骤清晰可辨、动作准确无误、操作方法规范的示范操作,做好指导;通过分配任务,检查操作准备。

2.巡回指导

有目的、有计划、有准备地巡回指导学生正确使用生产技术设备,纠正其错误操作姿势;注意文明生产、安全操作方法,保证不断提高产品质量等;将集体指导和个别指导相结合,技术理论和实际操作相结合;注意总结经验,及时鼓励和推广。

3.结束指导

结束指导是实践教学的终结环节,是在实践教学结束时进行的全面总结,用于检查、验收学生制作的产品或工作,评定学生成绩,全面总结学生操作训练情况,填写教学日志,以肯定成绩,指出不足,鼓励进取,保存资料。

教学原则不是孤立存在的,而是相互联系、相辅相成的,它们共同构成了一个完整统一的职业教育教学原则体系。

四、现代职业教育的教学过程

考察职业教育完整的教学过程,可分为教学准备、教学实施和教学评价三个阶段。

（一）教学准备阶段

教学准备阶段是教学的首要环节,其主要任务是做好教学的准备,即备课。

1.备课的种类

（1）个人备课和集体备课

根据备课主体的不同,可划分为个人备课和集体备课。

个人备课是指每个任课教师独自进行的备课工作。优点是不受时间限制、灵活方便,有利于调动教师的主观能动性。

集体备课是指几位教师集中在一起进行的备课工作。优点是有利于教师间交流和集思广益,统一教学要求。

（2）学期备课、单元备课和课时备课

学期（或学年）备课或单元备课,是指对某门课程的整个学期或某个单元的教学活动做准备。教师要对学期教学做出全面的考虑和准备,包括教学目标、教学内容、教学方式、教学进度和各章节或各单元的组织、教学资源及其配置所需的学具、教具和各种资源与资料。

课时备课,即教案。是在学期备课和单元备课的基础上,对一节课的教学活动进行细致准备和设计。内容包括班级、授课时间、授课人、授课内容、教学目标、教学难(重)点、教学方法、教学资源等。

2.备课的内容

(1)钻研课程

钻研课程包括:研究课程计划、课程标准,领会课程的基本理念和目标,把握教学的基本要求及教学内容与教学材料的体系范围与深度;研究教科书,掌握课程的基本原理与知识体系,准确把握各章节或各单元、各课的重点、难点及前后联系;广泛阅读参考资料,选取合适的材料充实教学内容。

(2)熟悉生产(或工作)过程

这是职业院校教师备课时必须做的一项工作。了解课程所对应的相关职业或岗位的生产环节、工艺流程、技术要求、操作技能、岗位职责,以及机器、设备的构造、性能、维修等,以提升教学的有效性。

(3)了解学生

要全面了解学生的知识基础、认知能力、技能水平、学习态度、思想特点和个性特征,使教学过程符合学生实际认知能力和动手操作能力,提高教学的预见性与针对性。

(4)设计教学方式

首先,确定基本的教学方式;其次,结合教学内容,分别设计学生的学习方式、教师的教授方式和师生互动方式;最后,进行具体的教学设计,包括教学环境、教学方法、教学手段、教学程序,以及教学策略和教学媒体设计等。

(5)编写教案

按照教案的基本结构进行精心设计,并用规范的结构和简练的语言表达出来,形成书面形式的教案。编写教案的过程,是教师对自己组织的每一个教学活动的时空结构进行规范和优化的过程。

(二)教学实施阶段

1.讲课

讲课是教学过程的中心环节,是教师运用口头语言系统地向学生讲解理论知识的活动,也是教学活动的基本形式。

讲课的基本要求:一是目标明确;二是内容正确;三是重点突出;四是方法得当;五是组织有序。清晰、准确、简练、生动且富有启发性、条理性的语言,有利于集中和保持学生的注意力,是促进学生不断提升学习兴趣的原因之一。

2.作业

作业是课堂教学的延续、拓展和深化,目的在于巩固、消化和运用所学知识。方式主要有:一是阅读与思考作业,预习或复习,理解或思考阅读资料;二是口头与书面作业;三是实验与操作作业;四是调研与社会实践作业。

作业的基本要求:符合课程标准,目的明确;形式多样,分量适当,从学生实际出发;讲评适时,追求批改艺术,鼓励作业创新。

3. 实验

实验是指为检验某种假设或理论,运用一定的仪器设备和材料,在控制某些条件的情况下,通过观察事物及其发生变化过程,获取知识、巩固知识和培养学生实际操作能力的教学环节。实验是实践性教学的重要组成部分。根据实验的目的,实验可分为三种:一是验证性实验。根据已有的理论知识,预先拟订好实验程序,让学生按照实验指导书中提示的仪器、设备、材料及操作步骤,完成实验过程;然后按照规定的观察、测定方法,记录实验结果,得出实验结论。二是探索性实验。通过实验过程对未知事物或已知事物的未知性质进行观察、测试和研究,借以发现新现象,得出新的实验结果。这种实验也称试验。三是设计性实验。以制成某种产品或形成某种工艺路线为目标,运用已有知识和经验进行结构或程序设计,综合应用多种实验手段,尝试达到预定目标的实验方法。

实验教学的基本要求:目的明确,准备充分,过程科学,指导得当,评析实验报告。

4. 实习(实训)

实习是学生在教师或工程技术人员的组织指导下,参与一定的实际工作或生产操作,借以掌握相关技术、技能或综合运用知识于实践的教学活动。实习是专业知识与生产(工作)实际相结合的教学形式,是职业院校教学活动中主要的实践环节。根据实习目的、要求和工作范围的不同,大致可以将实习分为以下四种。

(1)认识实习

认识实习也称见习,即通过到生产现场进行参观,使学生对工作环境、工作流程和学习内容有所了解,获得感性知识,促进理论联系实际。

(2)教学实习

紧密结合专业课程,以教学为主的实践性教学,使学生得到操作技术的基本训练,获得生产(工作)的感性认识,掌握一定的生产操作技能,同时,接受劳动纪律、安全卫生、环境资源保护方面的教育。

(3)生产实习(实训)

生产实习(实训)是学生直接参与生产实习过程的实践性教学,即学生到专业对口的生产现场,以现职人员的身份进行实习,使学生得到实际工作的锻炼,熟悉工艺要求和生产操作过程,掌握直接、迅速顶岗的操作技能,并逐步形成良好的职业道德规范和职业行为习惯。

(4)毕业实习(顶岗实习)

毕业实习(顶岗实习)是在学生毕业前,对其知识、技能进行全面检查的综合实际锻炼,即学生到企业的具体工作岗位上进行专业理论学习和技能实训,以企业岗位生产的形式进行的实训教学。毕业实习(顶岗实习)需要学生完全履行其岗位的全部职责,能够独当一面,具有很大的挑战性,对学生的能力锻炼起很大的作用。

实习的具体要求:明确实习目的,编制实习计划,确定实习方式,搞好讲解示范,加强巡回指导,讲评实习结果,注意生产安全。

5. 设计

设计是提高学生全面素质和综合职业能力的主要实践性教学环节,分为课程设计和毕业设计。

(1)课程设计

课程设计是学生在教师的指导下,运用某一门或几门课程的知识,解决一些具有一定综合性问题的筹划过程;是进行某一方面或某一部件的技术基础能力的训练;是工科类专业的技术基础课和某些专业课教学过程中的重要环节;是理论联系实际的重要方式,也是培养学生实践能力的重要途径。

(2)毕业设计

毕业设计是学生综合运用所学的知识和技能,按照培养目标的要求,进行的全面、系统、严格的专业技术综合能力的训练,并创造性地完成符合生产实际要求的设计任务。毕业设计具有综合性、实践性、独立性、探索性等特点,是工科类专业及其他需要培养设计能力专业的学生在校教学过程中的最后一个应用性环节,也是应届毕业生在离校前的综合性独立作业。

(三)教学评价阶段

教学评价是教学工作中的基本环节,是对教师的教与学生的学相统一的收集事实信息并进行价值判断的过程。教学评价主要包括对学生学习状况的评价和对教师教学质量的评价。职业教育的特殊性和复杂性决定了其评价的特殊性。

1.教学评价的原则

(1)导向性

职业教育教学评价,既要评价所获知识、技能,又要评价综合能力;既要评价能力发展,又要评价基本素质的养成。职业能力及其相关知识,是职业教育教学评价的核心。评价不是为了评价而评价,而是评价与指导相结合,既要使评价对象知其长短优缺,又要为其发展指明方向,增加动力。

(2)客观性

职业教育教学评价的标准、方法过程和结果,都要切合职业教育课程教育教学的实际,不能主观臆断或掺杂个人的情感因素,也不能照搬普通高等教育的方式方法。

(3)过程性

职业教育教学评价不能局限于一纸试卷式的终结性评价,既要评价学习过程,又要评价学习结果;既要重视评价学习目标、学习内容,又要评价学习方式、学习方法;既要评价所获知识、技能,又要评价综合能力;既要评价能力发展,又要评价基本素质的养成。因此,职业教育教学评价应当贯穿教学过程的始终。

(4)多元主体性

职业教育教学评价的主体包括:教学管理职能部门,进行日常的教学管理、监控和阶段性的教学检查;教学督导,采用听课、调查、座谈、访问等各种形式,检查和督导教学各个环节的秩序和质量,提出切实可行的整改措施和方案;学生,通过感受教师的教学态度、教学水平、师德水平等发挥评价中的核心作用。教师应准确地掌握学生的信息,并及时给予反馈,形成教育教学评价中的良性互动。企业等用人单位,构成教学质量监控评价的社会主体。院校应主动寻求社会对自身教育教学质量评价的理念和需求。

2.学生学习评价

(1)内容

①专业技能评价与社会能力、方法能力评价相结合。职业教育强调对学生关键能力或核心能力的培养,主要包括对技术的理解和掌握能力、决策能力、独立解决问题的能力、质量意识、合作能力、环境保护意识和社会责任感等。

②学习成果评价与学习过程评价相结合。既要关注学生学到了什么,更要关注学生是如何学到的。要在不断评价和反馈的过程中培养学生正确的学习观,从而实现对方法能力和社会能力的培养,同时,也有利于实现评价的客观性。

③教学过程评价与教学效果评价相结合。对职业教育教学进行评价,就要从教学过程和教学效果两个方面考虑。职业教育教学过程的评价包括课前准备评价、课堂教学评价、实践教学评价、作业布置与批阅评价,以及对学业成绩考评等。职业教育教学效果评价是对学生学习质量、技能、纪律和态度、职业素质等进行的综合评价。

(2)方法

以具体考试分数为指标的方式进行量化评价,对现代职业教育教学评价具有很大的局限性,要根据不同的教学阶段、不同的教学内容采用不同的教学评价方式。

①过程性评价。过程性评价是在一个真实的或者模拟真实的环境中,通过让学生完成一项具体的任务,从而对学生的知识、技能、能力进行判断的一种考核评价方式。在学生完成一项具体的学习任务过程中,任课教师对学生在学习活动中表现出来的合作精神、参与意识、分析问题的能力、探究能力、知识技能的掌握水平等方面进行全面评价。过程性评价重视学生整合所学知识的能力、分析问题的技能、合作学习的能力和解决实际问题的能力。过程性评价重视评价的过程性、公开性、情境性,以及评价标准的多重性。

②研讨式评价。这种评价方式把学生在参与课堂讨论中的表现作为学生学业成绩评价的一部分。在师生相互信任与协作的基础上,通过自我评价、同学互评、教师评价,形成师生互动、生生互动的中肯良性交流。其具体步骤:一是明确讨论要达到的目标和评价,以及如何才能真正达到这些目标;二是选定研讨用的文本;三是教师提出问题,师生共同参与讨论,在研讨过程中引发学生对话与思考;四是以设计讨论过程的方式或记录表,通过一系列讨论记录的分析、对比,进而对学生所取得的成绩做出判断。

③答辩式评价。这种评价方式主要考查学生的语言表达能力和思辨反应能力,力求做到知识的口语化。它的目的在于锻炼、培养学生语言表达能力和反应能力。经常采用的课堂提问是单向的,一般只有对不对、完整不完整之分;而答辩式则突出了双向性,即师生的互动与交流,既有答又有辩,通过答辩,使学生的认识能力和表达能力得到提高。

3.教师教学评价

教师教学评价主要包括教师教学过程评价和教学绩效考核。教学过程评价主要是考查评价教师钻研和使用教学材料，以及教师运用相关教学方法、教学手段的活动。具体说，就是从教学活动的各个环节入手予以评价。例如，备课、上课、作业等环节。教学绩效考核主要通过考查学生的学习习惯与方法、学业成绩及能力发展情况来进行。

4.教学评价的实施程序

教学评价的实施一般包括三个步骤：评价量表的制定、教学评价的实施和评价结果的分析。

（1）评价量表的制定

职业教育教学评价量表的制定应兼顾理论、技能与素质评价相结合，既要评价教师的理论教学水平，又要评价其实践教学水平，还要评价其道德修养水平及教学科研水平；既要评价学生的理论知识水平，又要评价他们的技能水平，还要评价他们的思想道德水平和身心健康指数；等等。

（2）教学评价的实施

①组织安排。统一部署，组成考评小组，对各班半数以上的学生及任课教师进行考评。

②评价时间。每学期进行两次，安排期中、期末完成。

③评价内容及方法。依据所制定的教学评价量表，考评教师和学生。

（3）评价结果的分析

①评价资料的整理。运用教育统计学原理和信息技术手段，对评价所得到的信息资料和数据进行去粗取精、去伪存真的量化分析、处理和加工，在此基础上，形成综合判断，获得评价结果。

②评价结果的分析。深入分析评论，找出问题的症结所在，提出有针对性的改进途径和建议，从而使被评者顺利地接受评判并及时改进工作；对评价工作质量进行检查、分析、鉴定。

③评价结果的处理。将评价结果反馈给师生，以便于师生自我监控、自我调整、自我反省和提高。

第二节　职业教育的理论与实践教学方法

一、现代职业教育的理论教学方法

（一）讲授教学法

讲授教学法是指教师通过口头语言表述、讲解、讲演等形式向学生系统地传授知识的教学方法，属于教师与学生之间"传授—接受"型的教学方法。运用讲授法，职业院校的教师可以通过合乎逻辑的分析、论证,生动形象的描绘、陈述,启发性、诱导性的设疑、解疑,使学生能够在较短的时间内获得较为全面系统的知识。

1.讲授教学法的优点和缺点

讲授教学法源远流长,是长期以来人类教育中最为重要的教学方法之一。其优点非常突出:①能够直接、高效地讲解和传授职业课程中的专门知识和技术原理。教师运用讲授法对这些内容进行清晰地剖析,是进一步进行实践教学的重要前提和基础。②运用讲授法教学成本低廉,教师能在较短的时间里将科学知识系统、连贯地传授给学生。③教师比较容易控制所要传递的教学内容和所需的教学时间,有利于教师主动性的发挥。④具有适应性强和灵活性高的优点,能在各种情况下进行,并能根据学生的反应,随时调节,吸引学生的注意力,启发学生思维。⑤能够寓思想教育于其中,具有很强的感染力。

讲授教学法的缺点也很明显:①讲授教学法是一种"传授—接受"型的方法,其实施效果的优劣在很大程度上取决于教师个人语言表述能力的强弱,因此,不同的教师实施此种方法效果有很大的差异;②讲授教学法主要依赖于教师的讲解,如若把握不当,容易造成学生在教学过程中处于思维和学习的被动状态,影响学生积极性、创造性的发挥;③职业教育教学的特殊性在于理论与实践的紧密结合,尤其要培养学生动手操作和创造性的制造能力,因此,过多地使用讲授教学法则会使职业教育劳而无功。

2.讲授教学法的实施策略

(1)在基础学科学习和低年级学生的教学中,应当广泛地使用讲授教学法

如在会计课的教学中,根据不同阶段的教学内容,采用不同的教学方法。对于统计专业的学生,开始接触会计课程时,首先开设"基础会计",以使学生掌握扎实的基础理论和基本概念。如果在此阶段主要采用讲授教学法,通过课堂面授,辅之直观形象的教学手段,将会计的基础理论和基本概念以实物或图示的形式表现,可以为学生继续学习专业会计打下坚实的理论基础。

(2)在讲授具体课程时首先要激发学生的学习兴趣

运用讲授教学法首先要促使学生产生对本学科的兴趣,从而产生学习的内在动力。教师应当指导学生对本学科产生某些基本的认识,让学生对该科学习做到心中有底。

(3)分析和研究教学内容

分析和研究教学内容要着意处理好三点:教学重点、教学难点、教学关键点。教学重点是指学生必须掌握的基础知识和教材的重点内容;教学难点是指学生难于理解和掌握的某些知识和内容;教学关键点是指教材中起决定性作用的知识和内容,学生掌握它之后,就能够比较顺利地理解和掌握其它有关的知识和内容。对于这三点,教师在运用讲授教学法进行教学之前必须做到心中有数。

(4)积极提高课堂讲授艺术

首先,需要教师在课前认真备课,既备教学内容,又备学生、备教法,对于教学内容与具体教学方法的匹配做到心中有数。其次,在讲授时要做到对教学内容熟悉,教法运用熟练自如;语言流畅生动有趣,抓住重点、难点讲解,由浅入深,层次分明;教态自然、板书工整,概括

性、推理性强。再次,讲授中尽量运用直观教学法。充分利用挂图、模型、投影片等教具讲解,使内容深入浅出,明白易懂。最后,讲授中要注意适当运用提问法、反问法、设问法进行讲授,让学生有充分的思考机会,使理解更深刻,并且能够兼顾所有学生。

(二)讨论教学法

讨论教学法是指在教师的指导下,学生以全班或小组为单位,围绕教学内容的某个问题,通过积极参与讨论或辩论活动,从而掌握或巩固知识的教学法。这种方法在于由学生及教师以交互的方式,通过共同讨论来对某些问题获得解决办法或建立观念,从而使学生获得新知。

讨论教学法有多种方式:①针对某一主题让学生多方讨论;②教师先准备好题目让学生依题目讨论;③以辩论的方式从不同观点讨论。

1.讨论教学法的优点和缺点

讨论教学法的优点在于:学生能够积极参与到对所学知识的辩论、讨论之中,既可以在互动中共同学习、相互启发、集思广益、取长补短,又可以在合作中培养团队精神、协作意识和能力;对所学知识的针对性很强,学生能够对所学知识产生浓厚兴趣,并能够在学习中激发灵感、培养创新思维。

讨论教学法的缺点在于:讨论过程较难控制;学习效率较低;讨论过程极易偏离主题;讨论需要学生具备足够的背景知识,其学习效果与学生的水平密切相关。因此,此方法最好与其他教学方法相结合使用。

2.讨论教学法的实施策略

运用讨论法开展教学,并不是一种"省事"的方法;相反,此种教学法同样要求教师要精心准备,并且能够很好地引导和控制讨论过程,还能够使学生通过这种教学方法学到应该学会的内容。因此,教师运用此种教学法需要注意如下几点。

(1)拟定适当的题目

在讨论之前,选好讨论的主题是最为关键的。教师要根据教材内容、教学目的、学生年龄特征与知识水平精心拟定富有启发性的讨论题目。

(2)组织和指导讨论

在实施讨论教学的过程中,教师必须加强组织和指导,其关键在于"诱",而核心则在于"导",其宗旨则是保证讨论始终围绕中心议题,朝着预定的方向发展。在组织和指导讨论时教师要注意以下几个问题:①教师要事先对所讨论的问题了然于胸,并且做好指导学生讨论的准备,适当地鼓励和启发学生的求知欲,增强其参与意识;②讨论应当分组进行,每组一般7~10人,小组讨论之后,再由各组代表向全班汇报结论;③讨论过程中,如出现离题、讨论面过宽、学生讨论"钻牛角尖"时,教师要及时纠正,将讨论引向主题,向学生指出讨论的重点和思维方向;④鼓励学生进行创造性思考,提出独创性建议;⑤教师应当控制讨论的进程,尽量使每个学生都能参与到讨论之中。

(3)做好讨论的总结工作

好的讨论教学要善始善终,因此,在讨论结束时,教师要依据中心问题和讨论的情况进行概括和总结。经过讨论,学生的回答和建议可能是多种多样的,这就要求教师必须对学生的不同观点给予明确的答复,要对讨论题目表明自己的观点并做出正确结论,以使学生掌握系统理论,解决存在的思想认识问题,切不可模棱两可、含糊不清。对于一些无法在当下给予解决的问题,教师也应当表明态度、理清思路,鼓励学生进一步思考,对学生经过集思广益后有创见的回答则应当给予肯定和表扬。

(三)谈话教学法

谈话教学法,亦可称为问答教学法,就是教师和学生用口头问答的方式进行教学的方法。长期以来,谈话教学法作为一种重要的教学法,已经被广泛地应用在各级各类教育教学之中。对于职业教育的理论教学而言,这同样是一种不可或缺的方法,如对于技术操作要领与技术操作规程的问答等。从实现教学任务来说,谈话教学法可以分为引导性谈话、传授新知识的谈话、复习巩固知识的谈话和总结性谈话;如按教学目标来区分,谈话教学法则可分为启发式谈话、问答式谈话和再现式谈话。

1.谈话教学法的优点和缺点

谈话教学法在现代教学中被广泛使用,其优点是明显的:①教师利用口头语言与学生交流、对话,通过有目的的问答和谈话,激发学生的思维,培养学生的思考能力和语言表达能力,唤起和保持学生的注意力和兴趣;②通过有效的、富于技巧的谈话教学,教师能够很好地引导学生的思路,在对话中引发新思想和新认识,最终对所要学习的知识有更为深刻的认识;③在关于传授操作技能的教学中运用谈话教学法,可以使学生在教师的启发、提示下,发现问题、分析问题、寻求假设、进行实践试验,从而有效地锻炼手脑并用能力。

谈话教学法的缺点在于:谈话教学法只能够就某个针对性强的问题进行引导,不适合用于传授系统的、全面的知识。

2.谈话教学法的实施策略

①教师要充分备课,根据教学目的、教学重点和学生的实际情况拟定谈话题目。

②教师不仅要对所提出的问题做到心中有数,而且要对学生可能出现的回答和反应有所设想和准备,并对如何应对有进一步的考虑。因此,运用谈话教学法切忌不假思索,信口乱问,同时也要避免形成教师即兴提问、学生一哄而答的局面。

③教师提问要面向全班,避免先点人后提问的方式。先点人后提问,会使学生无思考时间,反映不出学生掌握知识的情况,使提问流于形式。同时,如果提问只集中于某个学生,那么绝大多数学生则往往对于提问不注意听,不肯多加思考,所以,教师的提问要面向全班,使全班同学都听清提出的问题,并稍做停顿,给予学生适当的思考时间,然后再点名让学生回答。

④因材施教,根据学生的差异设计问题。教师的提问在注意普遍性的同时更要注意针对性,要设计难易程度不同的问题,选择不同层次的学生同答,使所有学生都能积极思考,有所收获。

⑤教师提问时,语言必须准确清晰,问题的呈现必须精炼而简明,要使学生能够清楚地知道教师提问的内容。

(四)自学辅导教学法

职业院校的培养目标和学生的年龄特征决定了教学应当给予学生足够的自学机会和时间,以加强学生自学能力的培养。因此,自学辅导教学法应当成为职业教育中重要的教学方法。

自学辅导教学法,是指在教师的指导和辅助下,学生自学教材、参考资料和进行实验,以获得知识、发展能力、形成自学习惯和能力的方法。自学辅导法从实施上来说,关键是学生在自学内容的选取上必须有一定的系统性和联系性。因此,教师在使用此种方法时不能存有图一时方便的心态,或将其作为教师不能亲自教学时的替代方法。能否使用此种方法进行教学,一方面,要考虑教学内容的难易程度和教学目的的指向;另一方面,要考虑到学生现有的知识结构和学习能力。这就要求教师在教学中要对教学内容和教材进行全面和系统的把握,预先对于适合使用自学辅导法的部分有清晰的认识。

1.自学辅导教学法的优点和缺点

自学辅导教学法着眼点在于培养和提高学生自学的能力,这是其最大的优点。通过长期地、有步骤地运用此种方法,可以有效地调动学生的主动性和积极性,培养学生养成良好的自学习惯和具有一定的自学能力。在当前需要终身学习和回归教育的时代,这无疑是值得强调和推广的教学法。此外,自学辅导法需要有合适的、系统的学习内容,这也可以使教师利用学习心理学的原则,发挥自己整合知识和课程的重要作用,以利于学生更好地掌握所学内容。

自学辅导法在长期的使用中,曾被误解为适用于学生可学可不学的教学内容,因此,如果不能树立对此种方法的正确认识,容易在使用中出现教师指导作用的缺席,使学生放任自流,其学习结果也往往毫无起色。

2.自学辅导教学法的实施策略

(1)确立寓有效学习心理学原则于教学内容之中的原则

教师在选取学生自学的学习内容时,必须贯彻好有效的学习心理学原则,即教师要求学生进行自学的内容应当是服务于课程总体的教学目标和学生的培养目标,并且能够有效地促进学生的发展的内容。因此,要摒弃"自学辅导教学法是针对那些无关紧要的教学内容而使用的教学方法"的错误想法。

(2)在自学辅导的过程中要始终贯彻强化动机原则

在自学过程中,若想提高学生的自觉性必须用种种方法激发他们的学习动机,把学生潜在的求知欲和积极性调动起来,所以强化动机对自学来说特别重要。

(3)班集体与个别化相结合的原则

采用自学辅导法教学,能将"班集体"和"个别化"这一对矛盾体协调统一起来。在教师的指导下,班集体可以开展教学活动,同学之间可以互相帮助;教师在个别辅导中可以照顾不同类型的学生,达到个别化因材施教的目的。

（4）自检和他检相结合的原则

检查学习效果时，也需要学生的主动性和教师的积极性相结合，即把他检和自检结合起来，并且使学生逐渐养成自检的习惯，形成自检的能力。

（五）演示教学法

演示教学法是以直观感知为主的教学方法，是指在教学过程中通过展示实物、直观教具，为学生做示范实验，使学生获得知识、巩固知识的方法。在职业教育教学中，如涉及有关业务操作技术时，教师可采用在黑板上逐项演示，在真实物品上操作的方法引导学生演练，以使其掌握操作要领。如财会教学中的填制凭证、记账、编制报表等。

1. 演示教学法的优点和缺点

通过直观性的演示法，教师要么向学生展示实物或直观教具，要么向学生做示范性操作使学生通过观察获得感性知识。学生对课程内容有了感性认识，就能更正确、更深刻、更牢固地掌握概念、原理、规律等理性知识。另外，通过演示，也可以引起学生的兴趣，激发学生的学习积极性，培养学生的观察能力和思维能力。

演示教学法的适用范围是有限的，不是所有的学习内容都能进行演示；演示装置移动不方便，不利于培训场所的变更；演示前也需要一定的费用和精力做准备；这些都是这种方法的不足之处。

2. 演示教学法的实施策略

在职业教育教学中实施演示教学法，应当尽量保证具有教学所需要的多媒体教室、投影仪、实物模型、流程模型等硬件设备，为教师采用演示教学法创造条件。与此同时，为了提高演示的教学效果，教师要注意以下几点：

①要根据教学内容和目的选取合适的示范教具，事先准备好所有的用具，搁置整齐，并能预演一次。

②在教学中要让所有学生都能看清示范物，而且由于学生长时间看演示仪器容易注意力不集中，所以演示教学法要同讲授、谈话等教学法配合使用。在讲授时要注意联系实际，这样既一目了然又印象深刻，可以取得事半功倍的效果。

③在演示过程中，教师要提出明确的观察要求，引导学生运用各种感官，把学生的注意力集中于演示对象的主要特征、主要方面或事物的发展过程上，并要培养学生的空间想象力和思维能力。

④在一部分内容演示完毕之后，要让学生自己有动手操作的机会，使学习的内容得到巩固，并尽量对学生的试做给予及时的反馈。

（六）练习教学法

练习教学法是在教师指导下，学生通过独立的智力、体力活动，运用知识解决有关问题，以深化知识、巩固知识、培养各种学习技能和形成良好习惯的基本方法。如果在教学中需要把某个动作进行反复操练，以养成机械反应，或者要形成某种习惯或技能，或者要学生记诵教材中的某一部分内容,就必须采用练习教学法。

1.练习教学法的优点和缺点

通过练习教学法,可以有如下作用。

(1)能够养成机械的习惯

人类生活中有许多的动作习惯,可经由感官肌肉反应与认知观念配合,久而久之可以形成机械的自动动作或行为。

(2)能够养成熟练的技能

技能的学习需要熟练,在职业教育教学中,要求学生能够应用的各种技能都要采用练习教学法。教师应指导学生多次、反复地练习,达到纯熟的地步,以便其能够自如地应用。

(3)能够强化正确记忆

学习过程中重要的学习材料和经验,经过认知的学习可成为知识。因此日常生活中需经常应用,需要记忆,也需要采用练习教学法使学生熟练,以形成正确观念。

需要注意的是,练习教学法由于需要重复性的记忆或操作,容易使学习过程枯燥而乏味,而且,如果在练习中教师不能教会学生掌握记忆、技能形成的客观规律,也容易使练习成为死记硬背。

2.练习教学法的实施策略

①从总体而言,练习教学法应当遵循引起学生学习动机、教师示范讲解、学生模仿、学生反复练习、教师评价练习结果等几个步骤。

②教师要使学生明确练习的目的、要求和掌握有关练习的基础知识。在练习过程中,教师要妥善地加以指导,及时观察、纠正学生的错误;技能练习更要注意安全性。

③要系统地练习;练习要循序渐进,先要正确,再求速度;方法要多变化,手段要经济简化;练习时间宜短,次数宜多。

④组织练习要因材施教,顾及个别差异,重视创造性练习地组织与指导。

⑤要及时评价练习结果,使练习后达到能够应用的程度。

综上所述,职业教育教学过程中所要使用的理论性教学方法是较为多样化的,每种方法均有其一定的适用性。教师在使用时,应当加以调整,综合运用。

二、现代职业教育的实践教学方法

(一)要素作业复合法

要素作业复合法是按照操作技能的掌握程度,遵循由易到难、由简到繁、循序渐进的原则及规律,通过对手工生产劳动过程的分析,将某项工种分解成若干相互承接的简单工序,即要素工序,让学生在熟练掌握这些要素的基础上,进行复合、应用而形成简单作业;之后,在此基础上进一步学习新的工序,与已学工序形成逐渐复杂的作业,从而使学习成为一个由简到难、循序渐进的过程,使学生技能不断提高。

要素作业复合法实际上是将要素作业法与个别工序复合作业法结合起来,既兼顾了对某项工作的掌握与熟练,又兼顾了对此项工作所在的工种整体技术的不断熟悉与掌握,是一种行之有效的实践性教学方法。

此种方法在使用中,要注意把握如下策略:

①为了能够精确地确定作业的工序,必须认真分析工种的特点,找出其原理和步骤所在,分解出最基本的要素工序。

②为了使用此种方法,学校必须具备相应的实习工厂,备有各种工具,陈列以某些操作要素的作业方法为基础而加工成的各种单元作业板,让学生按照规定的程序进行制作。

③要素作业复合的进度、难度必须根据学生的心理特点和技能水平来确定。学生在实践和操作前,必须接受非常细致的理论讲解;在实践过程中,要接受及时的指导。

④在不断操作与学习的过程中,要加强对学生技能形成的反馈与纠正。

(二)模拟教学法

模拟教学法是为了创造有助于师生互动,特别是学生主动参与学习的情境教学法。在这种情境中,学生通过反复练习,进而会预期形成自然的、符合现实经济活动要求的行为方式、智力活动方式和职业行为能力,即在专业能力、方法能力、社会能力和个性方面得到发展。

因此,模拟教学法是一种以教学手段和教学环境为目标导向的行为引导型教学模式。这种方法是在学生已经具备了一定的专业理论知识以后,需要进一步了解职业技术的基本原则,掌握职业技术的具体操作方法和实践形式,以提高操作能力时采用的教学方法。该方法通过模拟环境、模拟角色、模拟操作程序等,达到教学理论与实践的统一。

1.模拟教学的分类

模拟教学分为模拟设备教学法与模拟情境教学法两大类。

(1)模拟设备教学法

模拟设备教学法主要是靠模拟设备作为教学的支撑,其特点是不怕学生因操作失误而产生不良的后果,一旦失误,可以重新再来,或者可以进行单项技能训练。学生在模拟训练中能通过自身反馈感悟正确的要领并及时改正错误的记忆。如操作机床,学生可以在学校实验车间操作机床,制作模型。

(2)模拟情境教学法

这是根据专业学习要求,模拟一个社会场景,在这些场景中设置有与实际操作相同的功能及工作过程,只是活动是模拟的。通过这种教学让学生在一个现实的社会环境氛围中对自己未来的职业岗位有一个比较具体的、综合性的全面理解,特别是对于一些属于行业特有的规范,可以得到深化和强化,有利于学生职业素质的全面提高。如模拟客房、模拟病房和模拟商店等。

在模拟情境教学法中,值得一提的是模拟公司法。"模拟公司"一词起源于上世纪50年代的德国,是指人为创造的经济活动,仿真模拟环境作为经济类专业的实践教学场所和组织形式。学生在其中可经历全部业务操作过程,了解和弄清各环节之间的联系,而又不必承担任何经济活动风险。实践证明,模拟公司能够有效地解决职业院校经济类专业实践教学的难题,有助于培养学生的实践能力,增长相关知识。

2.模拟教学法的实施策略

（1）开展模拟教学的前提条件是建设符合教学要求的场地和设施

在现代职业教育教学中，大量建设一流的实验、实训基地，以及通过计算机建立虚拟的仿真教学环境都可以为开展模拟教学打下基础。

（2）模拟教学可以有不同的教学目标与任务

模拟教学可以针对单向技能、综合技能和应用能力进行训练。综合技能的形成依赖于单项技能的形成，而实际应用能力的形成则必须通过反复训练和模拟来完成。

（三）顶岗实习法

顶岗实习法，是指在生产一线实习，让学生综合运用和检验所学知识，进行综合实践训练，尽可能与学生毕业后就业结合起来的教学方法。职业院校的毕业实习也可称为顶岗实习。往往这种实习具有双重性，即除与本科院校一样完成一篇毕业论文外，还要在实习中解决就业问题。实施此种教学法要注意如下问题。

1.实习单位的选择要与所完成的实习任务目标相吻合

实习单位的选择对完成实习任务至关重要，与专业的培养目标相吻合是选择实习单位的必要条件。单位的选择要依照学有所用（能发挥专业特长）、低门槛（职位、待遇考虑在后）、可发展（能为单位出力，还能不断充实自我）的原则。实习单位的安排要结合学生的特点，采取专业教师推荐和学生自寻自荐双向选择的原则，合理安排实习岗位。

2.选题与社会关注问题相结合

学生进入实习单位后开始确定选题，在实习中完成的论文，其内容要与专业要求相符，要与行业生产、行业发展紧密结合，应体现出学生论文产生于社会，所从事的工作与社会需求紧密结合且具有一定的社会价值。

3.实习与就业紧密结合

学生实习一般选择有用人意向的单位。"有用人意向"代表着单位需要，但不等于一定能就业。因此，在实习中应当尽可能地投入工作中，既要让学生充分运用所学知识，又要让学生能够展示其才能，争取能够就业。

职业教育的实践性教学方法以能够将所学的理论知识转化为实际的操作技能为目的，并尽量能使学生对未来真实的工作环境和岗位要求有清楚的认识和体会。实践教学法的运用也要求遵循灵活性、综合性、创造性的原则。

第三节　职业教育的教学模式及方法体系

一、职业教育的教学模式

（一）产教结合教学模式

产教结合教学模式是学校与企业双方合作，共同完成教育工作，培养合格人才的一种职业教育形式。长期以来，产教结合、校企结合受到世界各国的重视，均视其为发展职业教育的普遍规律之一。

产教结合是职业教育适应经济结构调整、走新型工业化道路、加快培养技能型人才的需要;是坚持以就业为导向,大力推进职业教育改革与发展的需要。通过借鉴国外职业教育产教结合的先进经验,结合我国的实际情况,我们发现,职业教育在实践产教结合的教学模式时,必须将职业教育与国家及地区不同时期的经济战略结合起来,将职业教育与不同地区的经济发展结合起来,并且在进行职业教育的过程中将企业与学校结合起来,及时了解劳动力市场的需求,迅速调整职业结构,更新职业培训内容,调整专业设置,使之与产业用人需求相适应,有针对性地培养和提高学生的职业技能和创业能力。

职业教育实行产教结合教学模式是由其特定的任务所决定的。这不仅适应了社会经济和产业发展的需要,能够培养出适应不断发展变化着的科技和工艺要求的合格人才,同时也为职业教育的受教育者提供了更大的就业机会,优化了教育资源和提高了劳动力资源的配置效率。

(二)产学研结合的教学模式

职业教育不仅要立足于产教结合的教学模式,更要逐渐向产学研相结合的教学模式发展和转变。产学研合作,是指生产单位、院校和科研单位有机结合,协调发展的过程或活动。产学研合作教育的主要内容除了包括科研成果转化、产品和技术的开发与应用外,还包括人才培养的内容。产学研结合教育模式与传统教育模式的根本区别在于前者与市场、经济、社会之间的联系比后者更为紧密。

产学研结合是职业教育的重要特色,既是职业教育人才培养的重要途径,也是职业教育推动社会经济发展的重要方式。通过产学研合作,可推进学校与生产用人部门的广泛合作,发挥职业院校的技术科研优势,面向市场、面向经济建设和社会进步的主战场,使职业教育真正推动经济发展;同时,在合作中,通过生产实践促使学生把理论知识转化为实践能力,提高学生综合素质与创新素质,使学生认识到利用知识创造性地改造传统设备,实现技术进步的重要性。

因此,产学研合作是一种互惠互利的行为。职业院校可以通过产学研合作得到产业部门的实践环境、实训或实习场所,便于研究成果的试验与转化;产业部门也可以通过产学研合作,利用职业院校人才密集、技术力量雄厚的优势,在新产品开发、技术改造、人才培训和技术咨询等方面得到支持。职业教育在产学研三者中,始终把教学置于核心地位,生产和科研则围绕着教学发挥作用。实践教学计划的制订和实施应主动争取相关行业和企业专家的参与,通过建立专业指导委员会来沟通产学研渠道,共同参与和监督人才培养的全过程。学校应根据企业的人才培养规格要求,开设相应课程;企业可为培养应用型人才提供实践锻炼机会,同时向学校推荐工程技术专家到学校担任主讲或顾问。产学研合作需按照互惠互利的原则,选择和争取那些技术先进、热心于职业教育、专业对口的企事业单位,与其签订联合办学协议书,使科研为地方经济服务,并把科研工作与人才培养结合起来。让学生参与科研活动,是尽早把学生引向学科前沿的有效手段。另外,教师的科研项目也可以吸收部分学生一起参加,教师负责总体设计与技术把关,让学生在教师的指导下完成项目子课题的设计。

（三）理论实践一体化教学模式

理论实践一体化教学模式,是指在特定的技术实训中心,通过师生双方边教、边学、边做来完成某一教学目标和教学任务。建立实训中心的好处在于:使教学更接近企业技术发展的水平,并与企业实际技术同步滚动;营造浓郁的职业氛围,达到能力与素质同步培养的目的;让学生接触先进的生产设备和教学装备;融理论教学、实践教学、技术服务与生产为一体,以其应用性、综合性、先进性、仿真性推动职业教育教学的深化改革。同时,这也是培养"双师型"师资队伍的重要途径。

二、职业教育的教学方法体系

基于以上对职业教育长期以来形成的教学模式及其本质特征,应当能够对其教学方法体系的构成基础有一个较为明确的认识,下面进一步分析教学方法。

（一）建构职业教育教学方法体系的理念

作为教育的重要组成部分,职业教育应当符合教育的一般规律,现代教育中适用的教学方法也应当能够在职业教育中应用。与此同时,我们还应当考虑职业教育教学的特殊性,在教学中抓住理论与实践相结合、知识与技能相统一的方针,把握住培养能够获得双证书(即学历和技术等级或职业资格两种证书)、毕业后直接上岗的人才这一培养目标和任务,以此为根本理念,形成一套能够适应职业院校的理论教学与实践教学要求的教学方法体系。

在考虑到上述因素之后,构建职业院校教学方法体系还应当适应当前社会、科技、经济高度发展的需要,将现代教育中先进的教学方法与手段广泛地运用于职业教育教学中,致力于最大化地提高教学效率。

此外,在构建职业教育教学方法体系时,还要兼顾创新性。教学方法是有其常规性和普遍性的,但作为职业教育的教师,应当积极致力于创造和发展新的教学方法以适应职业教育培养可持续发展人才的目标;不仅要积极借鉴与学习国内外已有经验,还要融会贯通,不断创新。

（二）职业教育教学方法体系的构成

职业教育教学方法体系由两部分构成。

1.理论性教学方法

职业教育的理论性教学方法注重知识和技能的传授与掌握,重在加强理论修养和知识创新。该方法包括讲授教学法、讨论教学法、谈话教学法、自学辅导法、演示教学法、实验教学法、参观教学法、练习教学法等。

2.实践性教学方法

职业教育的实践性教学方法要体现技术应用型人才的培养理念,注重实践能力的养成,要求在真实的实践中进行学习和锻炼,将理论知识转化为实践技术,并能够创造性地运用。实践性教学方法的核心指导理念应当是以行动为导向。20世纪80年代以来,行动导向理论成为职业教育教学的重要理论来源之一。"行动导向"是一种指导思想,其宗旨在于培养学习者具备自我判断的能力。在教学中,行动导向意味着,知识的传授和应用取决于学习目标、内容、方法和媒体等因素的重组,即在整个教学过程中创造出教与学和师生互动的社会交往的仿真情境,把教与学的过程视为一种社会的交往情境,从而产生一种行为理论的假设。这种理论是基于当代心理学最新发展成果,对职业教育教学理论和方法的深入研究和构建。

第四节 职业教育中教育技术与教学方法的选择与运用

一、现代职业教育中现代教育技术的运用

（一）现代教育技术在职业教育中应用的目标和范围

1.现代教育技术在职业教育教学领域应用的目标和原则

现代教育技术在职业教育领域应用的关键目标是深化教学教育改革,比如对职业教育的理念和教学的模式进行转变,从而改革教学的方式方法以及教学的手段和教学的环境。现代教育技术的应用具有非常大的发展潜能和显著效果,能有效地、全面地提高教育质量。在研究如何运用现代教育技术时应遵循以下原则。

（1）先进性原则

使用先进和成熟的教育理念来指导现代教育技术。

（2）科学性原则

现代教育技术在应用中必须使用科学的方法来准确无误地传达科学知识。

（3）趣味性原则

在多媒体教学软件中常使用图画（动画）、动态影像来表现教学内容,使其形象直观、丰富多变、有趣,有效地将数据、文字、声音、图像、色彩有机地融为一体。

2.现代教育技术在职业教育教学领域中应用的范围

现代教育技术在职业教育教学的应用范围非常广泛。虽然目前在职业教育领域未设有专门的现代教育技术,但职业教育领域所应用的现代教育技术与其他教学领域所使用的现代教育技术还是存在一定区别的。例如,职业教育的侧重点在于将知识与实践相结合,并重视实际的操作技能。为此,职业教育就需要在教学内容的基础上进行大量的实践操作,因此,像仿真和模拟技术等操作性强的技术在教学中就应用得比较多。现代教育技术在职业教育教学领域中的使用范围主要包括开发课件、计算机教育、多媒体教育和网络教育。其中,多媒体课件作为一种使用比较广泛的教与学的辅助工具包含了大量的多媒体信息。多媒体教学的优势在于它能将难以用口头表述清楚的教学内容通过生动的画面展示给学生,例如情景设置、模拟实验、配对练习等。这些可视、可听的教学活动能够提高学生的学习兴趣和主动性,并让学生更直观地理解和掌握所学内容,同时还能活跃课堂气氛,扩展职业院校学生获取信息的渠道。

（二）现代教育技术在高等职业教育教学中的作用

运用现代教育理论和技术,对教学过程和资源进行设计、开发、应用、管理和评价,能够

实现教学现代化理论与实践、教学过程、教学资源、教学效果、教学效益最优化。现代教育技术在职业教育中的作用主要体现在以下几个方面。

1. 现代教育技术为职业教育面向市场办学提供了有力的保障

随着市场竞争愈加激烈，人才需求更加多元化，这就要求职业院校必须面向市场办学，不断调整人才培养目标，使毕业生的职业能力与社会紧缺的岗位群相适应，而这种面向市场的专业调整，必须依托现代教育技术的运用来实现，传统的教育手段满足不了这一需求。

2. 多媒体、网络技术的应用可以为职业教育教学激发新思路，探索新方法，解决新问题

多媒体教学中利用 CAI(Computer Aided Instruction，计算机辅助教学)课件能够实现问与答、分步骤演示、灵活问询、仿真教学、模拟试验等，具有很好的交互性。CAI 课件可以模拟考试，也可用于学生在教师指导下的自主学习、复习、练习、测试和模拟试验等。

3. 教育技术为职业教育提供了丰富的资源

教育技术不仅可以为学生提供课本知识，还可以引进国外先进的教学经验和教育资源，促进职业教育的发展。现代教育技术的应用能大大增加学生的信息接收量。职业院校学生通过上网，可以查阅与专业课相关的大量资料，了解世界各国同行最新技术发展成就，为今后就业找准突破口。

4. 教育技术促进了学生的创新能力培养

创新能力关系到职业教育能否适应社会发展以及高素质人才的培养，而多媒体教学环境能够有效激发学生的学习主动性、积极性和创新意识，有利于实现创造性的学习目标。学生运用现代教育技术，可以成为知识获取的主动构建者，可以培养终身学习的习惯，从而促进高等职业教育的持续健康发展。

(三)职业院校加强现代教育技术应用的主要策略

1. 多媒体教室设备管理网络化

随着多媒体教室在职业院校中的应用越来越广泛，设备管理也需要跟上时代对管理信息化的要求，设备管理与维护需要在依托网络的基础上完成建设。在多媒体教室建设过程中，需要统筹考虑，综合应用计算机技术、多媒体技术及网络远程监控技术，集中协同控制计算机、摄像头、投影机、幕布、功放等设备，利用声音影像远程交互系统，创造出一个远程交互可控的现代可视化网络多媒体视听教学环境，使教师能够随时与中心管理人员联系，大大减少了教师不熟悉设备操作或设备故障而对教学产生影响的情况。

2. 电脑操作的无线化，将教师从主控台解放出来

教师使用多媒体设备主要是使用多媒体课件或播放影音资料，其中关键设备就是计算机系统。传统的计算机操作需要使用键盘或鼠标等输入设备，教师不能远离主控台，所以这是学生和教师都觉得在多媒体教室互动性不够的一个主要原因。为此，我们可以使用无线的电子教鞭来代替键盘和鼠标，在教室的任何一个角落都能够完成电脑的基本操作，同时配合小巧的纽扣式无线话筒达到教师与学生在课堂上融为一体的客观环境，从根本上解决了多媒体教室中教师与学生互动的技术障碍。

3.加强培训,建设高素质师资队伍

现代教育技术的迅猛发展对教师提出了越来越高的要求,教师也面临着越来越大的工作压力,所以职业院校应鼓励教师不断学习并且创造条件定期对教师进行培训。让教师转变教育观念,表现在不仅应掌握和熟练本专业所授课程的知识,还应掌握一些现代教育技术应用知识,比如课件制作、图形制作、动画制作等内容。教师从教学目标出发,可根据学生的实际情况,利用各种信息技术手段,设计教学内容,但同时,既要注重教师的教,也要注重学生的学,尤其要突出学生的主体作用;在培训中,要结合学校实际,在培训理念、培训途径、培训方法模式上进行探索与研究,确保培训取得理想的效果;在观念上,教师现代教育技术培训要与新课改相结合;在培训内容和方式上,应在掌握现代教育技术理论应用的基础上,立足于教师信息素质的培养;在管理上,教师现代教育技术培训应力求制度化、科学化、规范化。

4.充分利用网络再现教学过程

随着网络的发展,学生在网络上进行学习,教师在网络上与学生进行交流都成为可能。教师在可视化网结多媒体教室中上课的过程都可以录制并存储在网络中心的存储服务器中。学院也可以将优秀教师的课程通过网络转播到其他多媒体教室中或存储在网络服务器中,随时调用,实现资源利用的最大化。学生课后在校园网络上可以随时观看教学内容,从而调动起学生学习的主动性。教师可以在教学平台上录制、发布自己的课堂录像,与学生在平台上进行交流与沟通。对于一些年轻教师来说,站在第三方的角度来审视自己的教学全过程,能够快速地提高自己掌控课堂教学的技术与能力,而且能够更好地设计教学内容,从而调动全体同学的学习积极性。

5.加强现代教育技术的应用推广

首先,通过精品课程建设,促进现代教育技术教学应用。优质示范课程在教学中试验、实施,可以起到很好的带头和示范作用,既有效地促进了现代教育技术在教学中的应用,又大大推动了课程建设与教学改革。其次,加强信息技术与课程整合,创新现代教育技术应用。信息技术与课程整合是指在课程教学的过程中把信息技术、信息资源、信息方法、人力资源和课程内容有机结合起来,共同完成课程教学任务的一种新型的教学方式,它是信息技术与教师组织、指导和帮助学生学习的学科教学过程的有机结合。

现代教育技术在职业教育领域中的应用是教育现代化的重要标志。发展职业教育是推动经济和社会可持续发展的重要途径,也是提高劳动者素质、拓宽就业渠道的重要举措。因此,在现代教育中,要充分开发利用教育资源,完善基础设施,掌握新的现代教育技术手段,使现代教育技术的功能优势在教育教学中得到充分发挥,促进教育的改革和发展。

二、现代职业教育教学方法的选择与运用

(一)教学方法的选择

1.选择教学方法的意义

对于职业教育的教学来说,世界各国在长期的实践中积累了大量的有着本国适应性的、

丰富多彩的教学方法。这对于我们开展教学是有极大的启迪和借鉴意义的,也为我们的教学得以成功奠定了坚实的理论与实践基础。然而,在具体教学中,并非运用的教学方法越多,教学效果就越好。因此,就存在一个对于教学方法进行精心选择的过程,这对于广大处于教学一线的教师来说是一项非常重要的任务,所以也就需要广大教师不断提高合理选择与运用教学方法的能力。

教学的成败在很大程度上取决于教师能否妥善地选择教学方法。知识的明确性、具体性、根据性、有效性、可信性,有赖于对教学方法的有效利用。因此,教师应当学会科学地、恰当地选择教学方法。正确地运用教学方法,是提高教学效果的前提条件。

2.选择教学方法的依据

职业院校的教师要依据如下条件对教学方法加以选择与使用。

(1)依据职业教育教学的目的和任务

职业教育的教学目的和任务对职业教育教学中的知识、技能、方法有一定的要求,从而对学生在智能、思想品德、心理品质、身体素质等方面的发展就构成了要求,而这些要求可以体现在职业教育教学的任何环节中。作为教师在保证达到这一总体目的和任务的同时,也要准确地把握住所承担的具体课程,以及课程的每一个教学单元所要完成的目的和任务,使教学的目的和任务在宏观与微观两个层面上统一起来。对教学目的和任务的认识与把握,要求教师对教学方法进行准确的取舍。比如,传授新知识的教学任务,就得选择语言传递信息的方法或直接感知的方法;如果要形成一定的技能、技巧,则要选择以实际训练为主的方法。

(2)依据学生的发展水平

学生发展水平包括知识、智能、思想品德、生理与心理等方面,这是影响教学方法选择的直接因素。教师应注意了解学生的年龄、生理特点、心理特点、学习准备基础、对各种教学方法的适应程度、学习自觉性、学习态度、自我检查学习效果的能力等。如果学生学习水平较高,学习准备基础较好,学习能力较强,可以多采用讲述、讲演、讨论、实验室实验、独立学习、演绎法、探索发现法、专题检查,以及用问题激发学习兴趣,用义务、责任激发学习动机等方法;如果学生的学习水平较低,学习准备基础较差,学习能力较弱,则应多采用谈话、讲解、讲述、演示和展示、练习、随堂实验、归纳法、接受—复现法、指导学习和日常检查、用新奇现象激发学习兴趣等方法。

(3)依据教学内容的特点

教学目的、任务是通过具体内容的教学实现的,教学方法不仅要符合学科的特点,还要符合课程内容的特点。例如,理论内容宜选用讲解法、谈话法或讨论法;需要通过练习和操作才能获得的实验技能,适宜于选用操作教学法而不宜于用语言方法和直观方法等。

(4)依据教师本身的条件

选择教学方法要考虑教师本身的可能性,符合教师在教学方面的个人特点。教师运用各种基本方法的能力水平、对各种教学方法及其运用典型方法的熟悉程度、优选教学方法、综合运用各种教学方法的能力和经验、教学特长、教学风格和习惯等都会对教学方法的选择产生影响。口头表达能力强的教师,运用语言方法效果较好;擅长实验教学的教师采用演示法、实验法、探索—发现法效果较好;思维敏捷、组织能力强的教师运用谈话法、讨论法效果较好。在选择教学方法时,教师要注意扬长避短,逐步全面地提高自己的教学水平。

(5)选择教学方法要考虑时间、设备等条件

由于教学时间有一定限制,且讨论法、参观法、自学辅导法比讲授法耗费的时间多,教师在选用时应考虑时间是否允许;选用实验法等操作教学方法时应考虑是否有足够的设备;选择参观法时应考虑是否有符合要求的参观对象;等等。

(二)运用教学方法的关键

1. 要树立和坚持整体性观念

不同的教学方法有着不同的适应性和效能,有着自身的优点和缺点,在培养学生全面发展的任务上起着不同的作用。因此,教师在使用教学方法时既要发挥教学方法的优势,又要顾及该种方法的局限性。为了能够取长补短,教师需要将职业教育中的教学方法看成一个整体。教师在教学中要始终树立和坚持整体性观念,并能将各种教学方法搭配使用,充分发挥教学方法体系的整体性功能。

教学任务、教学内容、教学环境、教学对象以及教师素质共同构成了教学氛围,随着这些因素的变化,教学方法也要发生改变,因此教学方法必须多样化。而在实际的教学过程中,种种因素又在不断地变化,教师不能死守自己备课准备好的方案进行教学,应当能够及时调整,根据教学的动态恰当地变化,甚至是随机地运用教学方法,以达到教学效果的最优化。因此,把握综合的、灵活的教学方法原则是非常必要的。

2. 要贯彻理论与实践相结合的根本原则

职业教育的本质在于培养高素质技能型人才,而这种技能型人才实际上又与技术工人有着本质的区别,他们不仅应当是现代科学技术的实践者,还应当是现代技术的不断创造者和更新者。因此,职业教育教学必须在注重实践技能培养的同时,加强理论知识的掌握,使理论教学与实践教学并重,从而使学生在理论知识与实践技能的养成上并重,使他们成为知识型的技能人才。

教师在运用教学方法时,不能片面地强调实践性教学方法,应当在合理使用理论教学方法的前提下,在深刻地理解和把握理论知识的同时,将理论与实践结合起来。在实践中运用理论,在实践中升华理论。这就要求广大教师在教学中对理论性和实践性教学方法都要熟练地掌握,在教学中不能厚此薄彼,而是根据教学目的搭配使用,提高教学效果。

第三章

职业教育与经济发展

第一节　职业教育改革与市场机制

一、职业教育是现代化生产的组成部分

职业教育是生产社会化、商品化、现代化的重要支柱。职业教育伴随着人类的产生而产生，与社会进步、经济发展休戚相关。

古代职业教育发展相当缓慢，规模不大，专业化程度不高，这是由当时的社会经济发展状态决定的。古代的生产力是以农牧业为主，因此职业化程度相对较低。尽管有官吏、教师、手工业者、商贩等，但人们进入这些职业的社会需要很少，个人能争取到这样的机会也是很有限的，这些职业多为"世袭"或"半世袭"。此外，由于古代社会职业流动十分有限，也就没有必要建立开放的、社会化的职业教育体系，只要在各职业圈内对少数人进行职业教育就能满足社会的需要。这种职业教育主要有两种形式：一种是直接满足官场需要的官学；另一种则是零星地散布于民间的学徒制。

到了近代社会，随着经济社会的发展，工商业逐渐繁荣，从业人员才逐渐增加。在工业革命后，机械化的大工业生产取代了以前的手工业作坊，旧的学徒制已经不能满足规模化的集体生产的需要，同时，随着机械化程度的进一步提高，对从业人员素质的要求也日益提高。在这种社会背景下，职业教育受到了空前的重视，获得了快速的发展，职业教育体系也得到了进一步的完善。

社会发展到了当代，职业教育体系进一步完善，职业教育在整个教育体系中发挥着越来越重要的作用。职业教育培养了大批经济发展工艺型、应用型的专门人才和成千上万素质高、技术强的劳动技术大军，为当代社会的发展做出了巨大贡献。职业教育与生产力、产业结构和经济发展有直接密切的关系，有很强的直接参与经济活动的主动性、能动性。劳动力是生产活动要素中最具有活力和能动性的因素，而职业教育的规模和结构对劳动力数量、质量、形态等方面都具有决定性的作用，从而对经济发展的速度和经济结构的优化升级起着重要的推动作用。

从以上分析我们不难看出，职业教育与社会经济相互依赖、相互制约，职业教育与经济协调发展是职业教育发展进入良性循环的必要条件。

二、职业教育的产业属性

从教育经济学的角度看，教育是一种生产和再生产劳动力的活动。教育经济学指的"教育"是包括了各级各类教育的大教育，它与大生产、大经济、大科技相联系，是一个多样的、开放的、综合的大系统。相对于其他类型的教育而言，职业教育与社会经济联系更直接、更紧密，故其本身所具有的产业属性也更加明显。

首先，职业教育有很强的直接参与经济活动的主动性和能动性，是直接进行劳动力生产和再生产的产业。职业教育培养目标的性质决定了它会成为社会经济活动中的一个重要环

节。职业教育必须积极主动地适应社会经济对其提出的要求,它的培养目标、专业设置、修业年限、教育教学形式等方面都必须根据经济活动的要求灵活地进行调整。相对于其他类型的教育而言,职业教育是最为直接的劳动力生产和再生产的活动,是直接进行劳动力生产和再生产的产业。

其次,职业教育重视生产环节,重视实验实习的操作,是促进科学技术等潜在生产力转化为现实生产力的桥梁。职业教育除了培养少量的技术员、技师、工程师外,主要是培养大量的直接从事第一线生产的熟练劳动力。因此,在教学过程中,职业教育十分重视学生的实际操作技能的训练,这种实践性教学在整个教学过程中占有相当大的比重。

传统观念认为,生产力只有三大要素,即劳动者、劳动资料和劳动对象。但是,在现代生产条件下,生产力的组成要素不断扩大,它还包括科学技术、生产管理和信息。

一项新的科学技术从其发明到应用于实践有一个周期。职业教育重视生产环节,重视实验实习的操作,其教育教学过程的实践性,有利于科学技术从理论走向应用。从一定程度上说,职业教育是科技等潜在生产力转化为现实生产力的桥梁,它能大幅缩短这个周期,从而使科技为社会带来更多的财富,推动社会经济的发展。因此,从这个意义上说,职业教育是一种无形的高效益的产业。

再次,职业教育服务的广泛性和运行手段的多样化,决定了职业教育是具有重大社会价值的服务性产业。从层次上看,我国的职业技术学校分为初等、中等、高等,可以满足不同文化层次的人对职业教育的需求,从而大大拓宽了接受职业教育的对象的范围。从功能上看,我国的职业教育包括就业准备、在职提高、转换职业三种不同类型的职业教育。从办学形式上看,既有正规的学历教育,如中等专业学校、技工学校、职业高中等;也有非正规的非学历教育,如上岗培训、短期培训、转岗培训等。这种多层次、多规格、多形式的职业教育,强化了职业教育对社会的服务功能,同时,职业教育的产业属性也得到了进一步的体现。

三、职业教育产业化的内、外部条件

(一)职业教育的内部条件

让职业学校具有独立自主的办学权,使其成为一个具有法人地位的办学实体,是职业教育产业化最基本的内部条件。

《中华人民共和国职业教育法》规定,职业技术学校享有生产经营权,有权自主确定人才培养发展模式,制订人才发展规划和招生计划,调整专业结构和课程结构,以适应市场经济发展的需求。职业技术学校享有产业劳务定价权,能自主确定工资、学费和本校提供的社会服务及其他物质产品价格的权利,享有人事聘任和解聘权。这从制度上保证了整个学校的教育和管理水平。职业技术学校享有联营兼并权,可以根据有关法规和自愿原则重新优化组合,形成具有规模效益和集团优势的"联合舰队",在实现人才存量、物质资源调整、专业结构优化以及加快市场急需人才培养等方面都具有极其重要的意义。这些权力的获得使职业教育从内部强化了市场机制,为职业教育产业化创造了良好条件。

（二）职业教育的外部条件

营造职业教育产业化运作的良好环境,是职业教育实现产业化的外部条件。政府转变职能,改过去对职业教育的直接干预为宏观调控,真正把学校作为商品生产者、经营者;把人财物、产供销等方面的权利让渡给学校,让学校积极参与市场,让职业教育真正成为自我发展、自我完善、自我激励的办学实体和经营实体;培养和发展市场体系(劳动市场、资金市场、人才市场),建立法律保障体系。这些都为职业教育走产业化道路提供了外部条件。

四、职业教育发展中市场机制的引入

市场机制是市场经济的内在调节机制,包括供求机制、价格机制、竞争与风险机制、主体利益导向机制等。所有的机制相互联系,共同促进市场经济的协调发展。在各种机制中,价格机制处于核心地位,它是供求涨落的指示器、资源流动的调节器、经济利益实现的衡量器。市场经济就是以价格机制为轴心,在供求机制、竞争机制、风险机制、主体利益导向机制的共同作用下,不断推动社会经济向前发展的经济体制。

在面向市场经济进行劳动力生产再生产的过程中,职业教育作为生产劳动力的产业,为了主动适应市场经济的需要,必须大胆引进市场机制,依靠市场这只"看不见的手"来激发内部的活力。

（一）职业教育运作中的供求机制

在劳动力市场中,供需双方交换的商品是"提高了的劳动能力"。"劳动能力"的供方是学校,需方是用人单位。用人单位根据自己的人才存量和生产条件确定劳动力需求的规模和结构。作为人才供方的学校应根据自己"生产商品"的销路和需求情况及时调整生产决策。

市场供求是动态的,学校应通过问卷调查、实地访谈等方式对毕业生进行跟踪调查,预测劳动力市场近期、中期、长期需求,稳妥、慎重地制订本校的专业方向和各类培训计划。职业教育办学如果不遵循供求机制,势必会使办学陷入困境。

（二）职业教育运行中的价格机制

价格是供求变动的指示器,是资源流动的调节器。当某产品所用个别劳动时间低于社会必要劳动时间时,它按市场价格出售便赢利,反之则亏损。亦即成本低于市场价格则赚钱,成本高于市场价格则赔本。同时,商品供给短缺,价格上涨;供给过剩则下跌。价格涨跌反映的是商品的供求状况,生产者亦以价格信号来确定生产资源的投向。

职业教育在劳动力生产过程中进行成本核算,若想力求降低成本,以较小的投入获得最大的产出,就必须强化成本意识,杜绝各种资源的闲置性浪费,加大管理力度,建立完善的核算制度。

职业教育必须密切关注人才市场价格变动情况,人才需求呈下降趋势时应停止或减少人才培养数量,人才需求呈上升趋势时应增加人才培养数量,力求把人、财、物资源投入在市场急需的稀缺人才的培养上。此外,职业教育引入价格机制还要打破传统的行政工资模式,按教育能力和绩效付酬。根据市场等价交换的原则,培养学生的价格体现为缴纳的学费和用人单位所付的有偿培养费用的总和。

(三)职业教育运行中的市场主体利益导向机制

经济效益和社会效益是职业院校从事经营活动的主要推动力。作为办学实体和经营主体,学校要提高知名度,以便在生源质量、贷款、捐赠、学费、聘请良师等方面居于优势;学校应改善办学条件,把高质量的毕业生和孕育科技含量的产品(或服务)输入劳动力市场和产品市场,以获得最大经济效益和社会效益,从而促进学校自身的良性运转。

(四)职业教育运行中的竞争机制与风险机制

竞争是市场经济的内在属性和固有机制。通过优胜劣汰、奖优罚劣,可为市场经济主体带来强大压力和动力。职业院校在教师聘用方面可引入竞争机制,采取竞争上岗、择优录用的措施。竞争必然伴有风险,竞争主体是责、权、利的结合,必须对自己的行为负责,承担决策失误、经营不善、亏损破产的责任。因此,学校必须是自我负责、自我约束的实体,而不是"等靠要"的机构。学校在引入市场机制时要重视政府的宏观调控、政策导向、信息导向、法制保障,这些都是不可忽视的。市场变化多端,供求涨落,价格变动,随时牵动着运行主体的动向,也是调节生产布局和产品结构的基本依据。但教育产业产品的生产具有长期性、周期性和效益的长效性、迟效性等特点,往往使专业调整落后于市场变化,再加之信息不完全、不及时、不确定等因素,更加大了生产的风险,如果学校盲目引进市场机制,缺乏准确的科学预测,常会处于难堪的境地。因此,职业院校必须遵循稳定性与灵活性相结合的原则,保持本校专业特色,拓宽专业服务面,采用长短结合、灵活多样的办学模式,提高专业的市场适应性。职业教育是特殊的产业,它的主要功能是育人,因此不能片面地追求经济利益,把学校办成工厂、公司,必须坚持以社会效益为主,兼顾经济效益的原则,把学校办成教育、服务、生产示范和科学推广相结合的多功能现代教育机构。

第二节　职业教育与劳动力市场

一、职业教育与劳动力市场的关系

劳动力市场是职业教育与市场经济的连接点和突破口。市场经济在发展过程中会发出各类劳动力需求信息,劳动力市场会将劳动力供求方面的信息全面、准确地采集、储存,并及时、高效地传递给供求双方,使供求双方联系在一起,以促进劳动力供求总量的结构性平衡。除此之外,劳动力市场还通过市场手段的优化组合,使劳动力得到优化配置,克服了供求双方信息采集不全、传递耗损大、传递不及时的弊端,因此受到劳动力供求双方的欢迎。

职业院校作为劳动力的生产与供给方,在先培训后就业、先培训后上岗、双证(毕业证、职业资格证)就业等一系列政策的促进下得到了快速发展。由于产业结构的调整和升级换代,产生了大量新上岗人员、转岗人员、下岗再就业人员,这一巨大群体都对职业教育有着强烈的需求,都为职业教育的发展创造了客观条件。

随着劳动人事制度和工资制度的改革,劳动者就业、在单位的晋升和工资待遇等都与他自身的职业能力及由此产生的工作绩效挂钩,可见职业教育已成为就业、转业和晋升加级的重要前提。所有这些都需要"人才市场"这一中介来实现。

人才市场各类人才信息的供求涨落和价格变动,必然成为每所职业学校关注的焦点,并以此来引导培训计划、内容、方式等做出相应的调整。同时劳动力市场竞争态势又将波及学校在生源市场、师资市场、资金市场及其他市场上的竞争,从而决定每一所学校的生存和发展。

由此可见,职业教育与劳动力市场关系密切,劳动力市场是学校与市场经济的连接点,是实现职业教育优化发展的突破口。

但我们也应该看到,劳动力市场总是处于不断变化之中的,它对劳动力规格、水平、素质等有着各种各样的要求。为适应这些要求,职业教育必须不断调整自己,包括内部调整和外部关系的调整,从而逐步建立一个从初级到高级,行业配套,结构合理,职前、职后一体化,同时又能与其他各类教育相互沟通的职业教育体系。建立这种体系的最终目标是与动态的劳动力市场紧密配合,协调发展,从而实现人与物的最佳配置,发挥最大的组合效益。

二、职业教育体系的构建必须与产业结构和技术结构相适应性

首先,产业结构和技术结构的变化将引起劳动者职业技术结构的变化,进而影响职业院校的布局、专业设置、层次结构、数量质量结构的确立。由于教育的迟效性和产业结构变化、技术结构变化的加速性,在构建职业教育体系时,要求必须有计划性、预见性,既要看到产业结构和技术结构的现状,又要看到变化趋势,从而主动、自觉地适应结构调整带来的影响。

其次,技术结构变化要求人才结构与之相适应,因此,人才结构也就成了构建职业教育体系的依据。人才结构包括类型结构和层次结构:类型结构与产业类型结构相对应;层次结构一般指高、中、低级人才的比例。

再次,职业教育要与基础教育、普通高等教育相衔接、相沟通,注意社会发展要求,加大高等职业教育的发展力度。要让职前教育与职后教育、学历教育与非学历教育相结合,以满足新增劳动力就业准备和就业者再教育的需要,为劳动力晋升、就业、转业创造条件。不论是企业办学校,还是校办企业,都必须明确职业院校的法人地位,职业院校是办学实体和经营实体的统一,在内部组织结构和功能运作上要逐步实行产业化管理,努力提高办学的社会效益和经济效益。

最后,职业教育发展必须走横向经济联合之路。随着经济一体化、市场一体化进程的加快,地区间、产业间出现横向经济联合的趋势,区域市场与国内统一大市场逐步形成。职业教育将随着这一趋势走联合办学、联合经营的道路。通过学校间自愿互助联合,利用各校资源要素存量,优化组合,建立起集团化和产业化的职业教育运行机制,以此来获取规模效益,并实现发展目标。现代职业教育通常以一个或几个骨干职业院校为主体组建技术教育集

团,以稳定的组织规范为后盾,将不同地区、不同性质、不同水平,但有着内在联系的职业院校、企业和研究机构合为一体,扬长避短,互补互利,实现资金、技术、设备、师资等要素的最佳组合,不断探索和拓宽活动新领域,增强市场竞争实力,逐步实现集团的有序运作。产业化和集团化的职业教育运行的宏观目标是遵循劳动力市场对各类人才供求变化的规律,实现社会人才总供给与总需求的平衡;微观目标是通过集团内人、财、物资源的合理配置,充分发挥各要素的生产潜力和组合效益,以最小投入获取最大产出,最终实现集团的整体利益,达到共同发展的目的。

第三节　职业教育与区域经济发展

一、办学定位与经济发展需求相对接

现代职业教育的根本目标是为经济社会发展培养技术技能型人才。服务区域经济发展是职业教育最基本的职责和功能。职业教育的办学定位必须与区域经济发展的需求目标相对接,立足现状,面向未来,明确办学定位,科学合理地调整办学方向和目标,促进区域经济健康协调发展。

(一)服务区域经济是现代职业教育办学的前提条件

职业教育作为一种教育的类型,它的兴起与发展从来都不是孤立存在的。职业教育的发展体现着不同的区域特点,其以区域经济发展需要为价值取向,与区域经济发展相互依赖,互为条件,相互推动。职业教育体系是区域经济发展的产物,服务区域经济是现代职业教育办学的前提条件。首先,现代职业教育的根本宗旨就是"以服务发展为宗旨,以就业为导向"。现代职业教育适应技术进步和生产方式变革以及社会公共服务的需要,是推动经济发展、促进就业、改善民生、解决"三农"问题、缓解劳动力供求结构矛盾的重要途径。其次,服务区域经济发展是现代职业教育生存与发展的根本。目前,职业院校的举办者包括政府、政府主管部门、行业组织、企业及其他社会力量,这就决定了现代职业教育的基本功能定位必须是面向社会,服务经济,满足区域经济社会发展的需要,只有这样,整个社会才会为现代职业教育的发展注入活力。最后,现代职业教育的办学定位、办学思想、办学理念、办学体制、办学模式等都要以区域经济发展对人才、技术和服务的需要为前提,这样才能更充分地发挥现代职业教育在推进区域经济建设,以及加快区域经济在转方式、调结构、促升级中的重要作用,实现现代职业教育的功能定位。

(二)区域人才培养是现代职业教育办学的核心责任

职业教育是面向就业、面向青年、面向整个社会的教育,肩负着培养技能型人才的重大责任。要突出现代职业教育区域人才培养的核心责任,其一,现代职业教育要转变发展方式,强化职业院校基础能力和内涵建设,调整学校布局,优化专业结构,实现人才培养与区域经济建设需求的零距离衔接;其二,现代职业教育要深化教育教学改革,推动专业设置与产业需求对接、课程内容与职业标准对接、教学过程与生产过程对接、毕业证书与职业资格证书对接、职业教育与终身学习对接,提升职业教育整体实力和办学吸引力,促进现代职业教育的科学健康发展。

二、专业设置与产业结构发展相衔接

(一)现代职业教育专业设置要以优化区域产业布局为根本

现代职业教育的专业设置是一项系统工程,关系到职业院校办学的宗旨和方向,反映的是与区域经济产业布局相匹配的程度。产业结构是地方经济发展的脊脉,大力发展现代职业教育必须根据区域经济发展和结构调整的需要,合理配置资源,突出特色优势,创新改革发展,建立现代职业教育专业设置与区域产业布局相匹配的格局,不断调整和优化现代职业教育专业设置,优化区域产业布局。

(二)现代职业教育专业结构调整要以区域产业结构升级为目标

世界上任何事物都是不断变化发展的,职业教育也是如此。随着区域经济的快速发展和产业结构的不断升级优化,职业教育专业结构与产业结构发展不相适应的现象逐渐凸显。这就要求现代职业教育的专业结构调整要有不断推动服务产业结构升级的能力,根据区域优先和重点发展产业的战略部署,调整和适应新兴产业、现代能源产业、海洋产业、综合交通运输体系、生态环境保护等相关专业结构体系,保障现代职业教育专业结构调整以区域产业结构升级为目标。

(三)现代职业教育专业建设要以区域技术技能型人才需求为导向

随着现代生产方式和产业技术的不断变革和进步,社会需要更多的掌握新技术、具备高素质的技术技能型人才。要想提高区域经济建设的市场竞争力,现代职业教育就必须适应区域经济发展的要求,加快完善人才支撑体系。第一,现代职业教育要统筹培养不同层次、不同类型的技术技能型人才,满足生产、建设、服务一线对人才的需求;第二,现代职业教育要不断加强自身专业内涵建设,促进专业体系、专业内容与职业岗位要求的零衔接;第三,现代职业教育要不断提高技术技能型人才的培养质量和水平,促进受教育者在职业知识、职业技能、职业情感、职业态度、职业价值观等方面的发展。

三、课程内容与职业岗位情境相连接

(一)确定目标,产学研合作

现代职业教育要实现为区域经济服务的目标,使培养的人才、开发的技术等与区域经济发展需要无缝连接,必须科学合理地制定课程目标,走产学研合作的路径。课程目标是课程设置、课程设计、课程开发和课程编制的第一步,其能否确定,直接关系到课程的成败。产学研合作是课程目标实现的载体和途径,课程目标的选定是产学研合作的前提,继而通过以区域经济产业、行业、企业等对人才和技术的需求为目标导向,选择和编制课程的内容。其中,课程目标要体现学生成长的需要、学科与职业的发展以及经济社会的进步。

（二）校企合作，双主体育人

"校企合作，双主体育人"是现代职业教育人才培养模式改革和创新的重点，体现了区域经济对技术技能型人才的内在要求，是现代职业教育提升人才培养质量和水平的有效途径。具体做法是：学校和企业作为人才培养的两个主体，应注重学校和企业之间的双赢状态；在实施具体的课程和教学时，企业应参与学校对学生的培养任务，相互合作开发课程，共同制定人才培养方案和教学计划、设置课程、实施教学、组织考核评价等，实现校企一体化育人机制。

（三）课程衔接，情境化教学

现代职业教育的课程内容要体现与职业岗位之间的连接，适应经济发展、产业升级和技术进步的需要，体现具体的职业岗位工作情境；课程内容的设计，要考虑到实际工作的方式、内容、对象、方法、工具等；按照"资讯—计划—决策—实施—检查—评估"的流程设计教学，培养学生快速适应和胜任职业岗位需求的素质和能力。其中，情境化教学要求以实际工作过程所需要的工作目标、工作知识、工作能力、工作经验等为基准，构建适合职业教育学生知识、技能掌握的学习环境。

（四）综合评价，多元化考核

现代职业教育人才培养不仅要把技术技能作为培养的主要内容，还要将职业道德、人文素养教育贯穿培养全过程。这就要求在评价人才时，要把职业道德、技术技能水平、劳动价值和创造能力作为评价培养质量的核心指标。现代职业教育人才培养应建立以培养高素质、高质量技术技能型人才为主的考核体系，并注重发挥行业、用人单位的作用，形成社会各界共同参与的质量评价机制。

四、社区教育与终身职业培训相承接

（一）面向农村，承接农村劳动力转移培训

当前，随着城镇化进程的加快，区域经济产业结构调整和升级对人力资源的需求在逐步增加，农村转移就业人口的职业教育与培训问题日渐突出。一大批劳动者由农村走向城市，其中绝大部分的劳动者属于无技能从业的范畴。职业教育可通过整合社会各类培训资源，形成系统的、专门的培训机构，针对农村剩余劳动力开展专门的技术技能培训，使这些劳动者了解当前区域经济发展的现状和方向，解答劳动者面临的各种困惑和迷茫，提高劳动者的技术技能水平，使他们适应当前城镇化、市场化和现代化进程。

（二）面向城镇，承接再就业人员培训需求

随着区域经济体制改革力度的加大，区域产业结构不断调整和升级，对人才和技术的要求也在不断提高，满足再就业人员的需求是当务之急。职业教育可以从社区教育建设入手，根据再就业人员的年龄结构、文化程度、培训需求等特点，开展不同类型、不同形式的就业培训，满足各类人群学习的需求。

（三）面向未来，打造终身职业培训体系

现代职业教育发展的一个显著特点是要打造终身职业培训体系。面对当前区域经济发展对于稳增长、促转型、保就业、惠民生的要求，加快构建劳动者终身职业培训体系，不断创新技术技能型人才培养方式，建立健全技术技能型人才成长机制，打造劳动者终身职业培训体系，是现代职业教育面向未来发展的一个重要趋势。

第四章

数字乡村建设研究

第一节　数字乡村的基本内涵和主要特点

一、数字乡村基本内涵

概念是研究问题的基点,在研究任何问题之前都需要对相关的概念进行解析,明确相关概念的基本内涵。研究中国数字乡村建设问题,首先要明确数字乡村的内涵,从而才能对数字乡村建设问题有深入的认识。数字乡村的概念,即数字乡村是伴随网络化、信息化和数字化在农业农村经济社会发展中的应用,以及农民现代信息技能的提高而内生的农业农村现代化发展和转型进程,既是乡村振兴的战略方向,也是建设数字中国的重要内容。由此可知,数字乡村的前提是数字技术和信息技术的快速发展,及其在农村生产生活中的广泛应用,同时数字乡村所体现的是农业农村的现代化。在数字乡村中,乡村工业和乡村服务业会逐渐与农业进行产业融合并形成数字化的乡村产业体系,数字技术也将乡村多种要素相关联,令乡村的产业体系更加完善,乡村治理的内容更加丰富,乡村居民的职业更加多元。就数字乡村内涵而言,数字乡村集中体现在乡村治理网络化和数字化、乡村产业网络化和智能化以及乡村居民生活信息化和智能化三个方面。

(一)乡村治理网络化和数字化

乡村治理是基层党组织、乡镇政府、村民自治组织、社会组织以及村民等为了解决乡村公共事务、增进乡村共同利益,共同参与和处理村务的过程。随着新一代信息技术和数字技术广泛应用于乡村生产生活的各个方向,乡村治理的网络化和数字化便出现了。广义上来说,乡村治理网络化和数字化是指将网络技术和数字技术充分融合到乡村治理中,通过网络将乡村治理中的基层党组织、乡镇政府、村民自治组织、乡村社会组织及村民联结起来,形成协同运作的治理系统,同时通过网络收集、整理、传递乡村信息,并以此进行网络化和数字化乡村治理运作。乡村治理网络化和数字化主要体现在乡村基层组织、乡村公共服务以及乡村综合治理三个方面。

首先,乡村基层组织的网络化和数字化指乡村基层党组织、乡镇基层政府、村民自治组织及乡村社会组织运用网络技术和数字技术,展开组织运作,提高工作效率。具体而言,乡村基层党组织通过构建乡村基层党建网络数字化平台,为乡村基层党员开办教育网站、电视栏目、微信公众号、手机报、移动客户端等内容,推动乡村"互联网＋党建"发展;通过网络将村务、财务公开,不断提高村务管理透明度,让乡村居民了解村民自治组织乃至乡镇政府的运作,将群众与乡村基层政府密切连接起来;通过数字技术构建乡村集体资产监督管理平台,对乡村的集体资产进行清算和管理,建立乡村集体资产大数据平台,构建乡村宅基地数据库,推进乡村资产管理的数字化等。

其次,乡村公共服务的网络化和数字化的内容包括乡镇政府服务向乡村的延伸、乡村文化服务以及乡村基础医疗和教育的总体提升等。其具体内容包括:通过互联网,依托国家政务服务平台构建乡村政务服务平台,升级乡村电子政务服务,优化整合涉农行政审批系统,为乡村居民提供高效、便捷的乡村电子政务服务；利用数字技术和互联网建立乡村公共数字文化服务网络系统，在乡镇以及乡镇以下的牧场、哨所、口岸、边贸集市等地建设公共电子阅览室和数字文化驿站；运用数字化手段，将乡村中存在的国家非遗文化项目、乡村文物资源进行清点和整合，建立数字化的信息库，推进数字化文物等资源通过网站、公众号等渠道进入乡村，从而完善乡村公共数字文化服务；通过互联网搭建乡村远程教育平台，推广乡村中小学互联网应用，通过发展"互联网＋教育"，进一步促进城市的优质教育资源与乡村的学校充分对接；利用网络技术将城市中的优秀医疗资源有效配给到乡村，促进优质医疗资源下沉，解决乡村基础医疗问题等。

最后，关于乡村综合治理的网络化和数字化。乡村综合治理主要是指在党组织和政府的领导下，运用多种手段有效维护乡村社会治安。乡村综合治理是乡村发展和乡村居民生活幸福的重要保障，是实施乡村振兴战略，推进农业农村现代化的重要保障，因此，乡村综合治理的网络化和数字化是数字乡村重要组成部分。乡村综合治理的网络化和数字化主要以数字设备在乡村治安管理中的应用，以及乡村综合治理系统网络化为主。其内容包括：在城乡结合部、乡村的公共区域等地安装视频监控摄像头，完善并升级乡村的视频监控系统；将乡村视频监控系统与城市的治安系统对接，利用大数据和云计算等数字技术收集、分析乡村治安数据，以便准确实现惩罚犯罪、预防犯罪等目的。随着技术的升级，可以进一步将乡村的监控设备升级为人脸识别系统、红外监测系统等，进一步加大乡村治安监控力度。同时，乡镇以及城市的网络安全部门通过网络系统监控乡村的网络不良言论和网络犯罪信息，并对其进行实时监控，对言论散布者进行依法处理，维护互联网环境的和谐等。同时，在数字乡村的建设中，乡村综合治理的技术和设备不仅可以用于维护乡村的社会治安，也可以用于监测乡村社会信息、地理环境信息等。具体而言，就是将用于乡村治安管理的技术和设备延伸到多个领域，并以此为基础安装新的监控设备以及构建新的监测系统，通过视频监控设备、温度监控设备、烟雾报警器等设备，预防乡村火灾，或者在火灾发生时及时进行处理。在灾害多发地区，利用环境监测设备收集、整理、评估环境信息，预测灾害发生概率，进而对部分自然灾害进行预警，或在灾害发生时指挥村民进行避难，并为灾害处理人员提供数据，帮助救援工作的实施，减少相关损失等。

（二）乡村产业网络化和智能化

乡村产业网络化和智能化是数字乡村建设的重要任务，是乡村数字化的重要体现。乡村产业网络化和智能化不仅有利于小农与现代农业生产方式的有机衔接，还能够促进乡村的产业融合发展，拓宽乡村居民的收入渠道。我国的乡村产业结构以农业为主、农产品加工业为辅，再辅以其他产业，如旅游业、餐饮业、住宿业等。而乡村产业的网络化和智能化便是这些产业在生产运作的过程中，大量使用互联网技术、物联网技术、以农业无人机为代表的远程操控技术、自动化技术以及人工智能技术，将乡村的产业通过网络连接起来，协同运作和发展，使乡村的农业、工业生产自动化和智能化，并通过互联网加强乡村与全国各地的联系，为乡村的产品拓展销路，为乡村的旅游、餐饮等行业提供宣传，增加收入。

首先，乡村农业生产的网络化和智能化是现代科技在农业生产中的创新应用的结果。

农业有广义和狭义两种理解,广义上的农业包括种植业、林业、畜牧业、渔业等。在农业的长期发展历程中,多种农业技术应用在农业生产中,而数字乡村的网络化和智能化的农业便是在现代农业发展的基础上,通过物联网和多种智能化设备进行农作物和林木的种植与培育、建设智能化的无人养殖基地、进行科学智能的水产养殖等。同时,通过互联网,利用电子商务和现代化的物流系统将多种农产品及时、快速地销售到全国各地。其在实践中表现为:省市、乡镇利用数字技术整合乡村的土地、大气、水、农业生物品种等农业资源,收集整理并分析农业生产资料与资料市场交易信息,为农业的网络化和智能化生产提供基础的信息资源。在种植业中,通过安装多种传感器,对土地成分、温室环境等内容进行监测,并通过物联网等系统将详细信息传递给相关设备,在程序的控制下,自动对土地的酸碱度、温室的温度、温室的湿度等内容进行精确调节,使用无人机对农作物进行植保工作以及代替人力进行农业生产区域的监测、巡视工作。在畜牧业方面,通过网络将移动设备与智能生产设备相连,养殖场内智能化的养殖设备既能够根据传感器监测的信息自动运作,又能通过移动设备进行远程操控,保证养殖场的智能、绿色生产。在水产养殖中,利用数字技术对养殖用水的水温、水质等进行实时监测,根据实时的水体参数利用物联网技术控制养殖用水的水温、矿物质含量、微生物含量并实现及时的消毒杀菌,保证良好的水质。

其次,以农产品加工业为主的乡村第二产业(即乡村工业)的网络化和智能化,是数字乡村建设的主要内容,其以现代农业以及优质的农产品为基础,利用网络技术、无人控制技术以及多种智能生产设备进行农产品加工,是数字乡村发展的重要体现。网络化和数字化的农产品加工既在生产过程中使用智能化的生产设备替代人工进行产品的精细化加工,又通过网络系统将生产设备、监测设备等相互关联,使其自动化运作,例如,在生产的厂房中安装多种环境监控装置,在计算机的辅助下监测和控制厂房的温度、湿度等环境内容,满足产品加工中的各种加工环境的要求。在生产中使用智能化设备,能够进行更加精细化的生产,充分降低生产过程中的资源损耗和废品率,并且可以实现二十四小时不间断生产。同时,乡村农产品加工的网络化并不局限在加工过程中,其网络化系统也可以与当地的农业以及网络中的数据库相连。例如,通过与当地农业生产网络相连,便可通过网络系统准确掌握农产品的详细信息,并根据不同加工需求对产品进行筛选,甚至可以按照农产品加工厂的需求改进农产品生产过程,生产加工厂要求的农产品。农产品加工厂在生产过程中通过智能化和网络化的生产设备进行精确生产,最大程度上减少了资源的浪费和污染物的产生,并且在处理产生的废弃物时,利用传感器和辅助程序对废弃物加以分析、处理,在智能设备的监控下实现污染物零排放或环保处理后排放。同时,建立农产品加工基础数据库(其囊括了大宗粮油、果蔬、畜禽食材的资源调查、品种的收集和分析、相关品种加工的特性与加工适宜性评价、专用品质分级等内容),并通过网络收集农产品加工行业的综合数据,对整个行业的发展进行预测,提供该行业的突发事件预警服务。农产品加工还可以通过互联网和物联网将农产品从生产到加工成新产品的全过程透明化,让消费者在购买产品时能够对产品的原料、生产环境等基本内容进行查询。

再次,数字乡村是乡村旅游业、餐饮业、住宿业等第三产业的网络化和智能化的乡村。

因地制宜,将乡村的优秀传统文化、人文景观、自然风光以及现代农业相结合,发展现代的乡村生态旅游、餐饮、住宿等服务业,助力乡村经济发展。网络化和智能化的农业以及农产品加工业有利于降低能耗,减少环境污染,并推动乡村绿色、低碳、循环发展。乡村旅游业、餐饮业以及住宿业等相关产业的网络化和智能化既通过互联网对乡村进行详细的推广宣传,又在提供服务的过程中进行智能化管理,为消费者提供便捷的智能化服务。具体内容包括:在乡村休闲旅游、餐饮民宿等方面,各商户利用互联网、大数据等技术,根据消费者的需求,改进乡村旅游、餐饮服务内容,并在互联网上对乡村进行宣传,甚至可以利用虚拟现实、增强现实技术,使消费者能够更加详细的了解数字乡村的自然环境和商户的消费环境,以及商户的特色消费内容等信息。投入更多的智能服务设备,既可以保留乡村的特色内容,又能够满足消费者现代生活需求。网络系统还能够及时为上级部门提供乡村旅游、餐饮、住宿等行业的详细信息,帮助相关部门对商户进行巡查、监督和管理等。

乡村产业的网络化和智能化不仅体现在生产过程中,更体现在通过互联网进行的电子商务上。互联网不仅将农业、农产品加工中的设备与移动平台相关联,更将乡村与全国各地乃至世界相连。乡村利用互联网联系各地的买家,通过现代化的物流系统将乡村的优质产品销往各地。例如,将电商企业作为产销对接的重要手段,通过互联网连接乡村居民与电商平台,让乡村居民可以通过电商平台销售乡村的产品。同时,可将用互联网文化应用到乡村产品的销售过程中,可以跟随电商平台开展促销活动,并通过网络直播、网络论坛等方式展现乡村产品的特色,扩展销售渠道,增加产品销量。

(三)乡村居民生活信息化和智能化

建设数字乡村不仅要通过充分运用信息技术和数字技术以改变乡村生产方式,提高农业和其他产业的生产效能,增加乡村居民收入,更要通过现代技术手段实现乡村居民生活的信息化和智能化,缩小城乡之间的差距。乡村居民生活信息化和智能化主要体现在乡村居民生活方式的信息化和智能化以及乡村家居的信息化和智能化。

首先,乡村居民生活方式的信息化和智能化与城市居民生活方式相近,主要是借由互联网技术和互联网在乡村中的普及实现网络化的生活方式,无论是消费方式、支付手段、娱乐手段还是获取信息的方式基本通过互联网或相关技术平台完成。其具体体现在,乡村居民可以利用多种聊天工具,随时随地地互相交流,利用互联网进行相关知识的自主学习,学习相关生产生活技能等。乡村居民在生活中利用多种智能支付手段,在实体商店购买生活用品或在电商平台购买商品时进行在线支付,同时水费、电费、话费等生活费用也能够在线缴纳;乡村居民还可以通过电商平台挑选商品,并进行在线购买和支付,商品便可通过现代物流系统快速交付到乡村居民手中;乡村居民甚至可以依靠虚拟现实技术在网上挑选服饰,提供身材数据后便可以观看穿戴效果,使用增强现实技术,通过网络直接试穿服装。在进行服装和鞋子的定制时,依托居民提供的数据与 3D 模型库,用批量化的生产方式进行个性化的生产。同时乡村居民的身份认证手段也实现了信息化,即利用生物技术的手段,将居民身份信息进行加密生成电子身份证,使得居民能在不暴露身份信息的情况下在线远程身份认证,并且电子身份证中能够加密储存居民的血型、病史以及指纹、声纹等信息,在居民需要的时候通过电子身份证便可以调取,方便就医与业务办理等。

其次,乡村家居的信息化和智能化主要是乡村居民家中的电器、监测设备和控制设备通过互联网和物联网相互关联,形成完整的网络系统,居民可以通过移动设备监测、操控相关的设备,而家居设备也可根据程序的设定自动工作,提供智能、舒适的生活环境。例如,乡村的居民在生活中利用物联网、互联网技术,将家中的智能电视、冰箱、空调、洗衣机、电饭煲等电子设备相互关联,利用手机或其他移动终端进行远程监控,冰箱、洗衣机等家电的信息会上传到移动终端中,方便居民的管理,空调、智能电视等可以通过移动终端进行远程遥控,手指一挥就可享受高清电视带来的视觉娱乐。居民家中安装智能化的中央环境控制系统,根据房屋各处传感器的数据控制空调、加湿器或其他电器的运作,对房间的温度、湿度等进行自动调节,居民可以对智能设备进行设定,需要休息或睡眠时窗帘便自动拉下,灯光也会变为暖光,如果是天亮起床后,窗帘会根据定时自动拉开。乡村居民利用物联网技术使得家庭的生活状态可以随时转换,例如早上到设定的时间时,家中的热水壶、咖啡机等便会开始工作;晚上可以转换到睡眠模式,家中的智能设备按照设定好的状态自动开启夜间模式;也可以切换到聚会模式,智能音响以及灯光自动开启;或者在外出时候开启出行模式,自动关闭室内的部分电源,启动警戒系统,开启安全防盗装置等。同时,智能化设备也可用于对乡村居民家中老人、儿童的监护,可以为老人和儿童佩戴智能设备,而设备与数字化生活云服务平台实时连接,乡村居民能够查询、监测家庭中佩戴者的位置及踪迹,可以进行实时双向语音通话及语音对讲,并通报佩戴者的体温、心率等信息,帮助居民实时了解家庭成员的信息,并通过互联网和家中的智能摄像头实时关注家中老人、儿童的情况,并且可以通过云平台调取监控录像,了解家中发生的事情,预防老人、儿童发生意外。

二、数字乡村的主要特点

数字乡村在科技飞速发展、推进乡村振兴、推动农业农村现代化的时代背景下,通过在生产中应用新技术、新设备,淘汰了落后的生产方式,改变了乡村生活方式,改善了乡村生态环境,因而呈现出其鲜明的特点。

(一)凸显生态宜居的特点

自然资源是农业生产的基础,但是农业的发展却伴随着不同程度对自然的破坏。例如化肥的不当施用使得土地板结;农药的滥用污染了土地、河流,并对人类自身造成损害等。如果要充分解决农业发展严重影响自然环境的问题,既需要通过科技手段改进农业生产过程,减少甚至不产生环境污染,又要将人与自然和谐共生的理念深深植入每个人的心中,从根本上形成生态发展的意识。而数字乡村正是通过新一代信息技术和数字设备升级、改造农业生产经营方式,推进精准化农业、智能化农业的建设。对于乡村中的其他产业的发展,更需要应用先进科学技术对生产过程的每个细节进行提升,充分保障相关生产过程和行业运营的绿色化、生态化。科技的创新能为农业带来新的生产方式,使人类与自然和谐发展。而建设数字乡村并不是将众多科技简单地应用到生产中,而是在充分提高乡村产业生产效率的同时,秉承绿色、生态的发展理念改变乡村生产生活方式,保护自然环境。同时乡村居民也因自身素质的提升而充分认识到发展绿色农业、实现人与自然和谐相处的重要性,从而在生产中注重对乡村生态环境的保护。同时,数字乡村可以将通过基础设施、生产设备收集的乡村环境数据整理、共享给从事农业、环境、生物等项目研究的高校和国家相关部门,从而为乡村的绿色发展和环境保护提供精确的规划和指导。并且,乡村中的生态旅游、餐饮等产业在接待消费者的同时,展现乡村的生态建设现状,并对消费者宣传绿色、低碳、环保的消费方式,引起消费者对人与自然和谐发展的共鸣。因而,在建设数字乡村的过程中大力推进乡村产业信息化,实现乡村居民生活网络化和智能化的同时,应凸显出生态宜居的特点。

(二)彰显动态发展的特点

科技的发展愈加迅速,技术的革新与应用的时间间隔逐步缩短,信息时代越来越多的新技术、新设备被应用到生产生活中。对于农业生产而言,从古老的"刀耕火种"过渡到了机械化生产,进而再发展为信息化、智能化农业。农民也从"靠天吃饭"变为主动了解气象信息,从而改变生产计划,改进生产方式。乡村的生活环境也因科技的进步而发生巨大的变化。先进科技的应用,使得农业的生产方式得到改变,农民的收入得到提升,而互联网的普及让农民能够看到更广阔的世界,乡村的教育水平得到提升,年轻人学到了更多的知识、更专业的技术,既能进入城市工作生活,又能通过已经熟练掌握的技术从事农业和其他乡村产业,提高生活水平,从而摒弃落后的思想,更加积极向上。

对于建设数字乡村而言,先进科技的应用是乡村建设的重点内容。建设数字乡村,推进乡村产业信息化、智能化所应用的互联网技术、物联网技术、大数据技术、云计算技术等先进技术都是随着科技的进步发展而来。从数字乡村建设的细节中可以发现,随着技术的进步,数字乡村的内容也在不断发展。并且,科学技术的发展对乡村的生活具有更大的影响。随着更多新技术在日常生活中的应用,乡村居民的生活也更加方便快捷,而随着乡村居民在生活中使用各种设备的智能化程度的加深,乡村居民的生活方式也会更加智能。科学技术的发展永远不会止步,随着科学对自然规律的进一步探索,会出现越来越多的新技术、新装备、新理念,而数字乡村的建设也会随着科技的进步向更加绿色、智能的方向发展,因此,数字乡村彰显动态发展的特点。

(三)具有促进经济发展的效能性的特点

数字乡村在生产经营方面不同于传统乡村,数字乡村在产品的生产销售的过程中应用多种信息技术和数字设备,充分发挥互联网、物联网、大数据等技术的优势,提高乡村各产业的产品生产能力,扩大产品的销售范围,丰富销售渠道,缩短运输时间,保证运输的安全。

数字乡村的生产经营具有高效性的特点。数字乡村的产业种类丰富多样,各产业之间融合发展,协同运作,数字乡村中各产业产能高,生产的产品质量上乘、种类丰富。数字乡村的农业采用多种数字设备以辅助农民进行生产,互联网和物联网等多种先进技术的应用,使得数字乡村的数字化农业更加智能化、精确化,无论是农作物的浇灌、保护工作,还是牲畜的养殖工作,先进技术的应用使得数字乡村在农业生产中不仅节省大量的人力,更使农业的生产更加精准、高效,避免资源浪费和环境污染。与传统乡村不同的是,数字乡村不仅能够进行高效的数字化农业生产,也能进行智能化的工业生产。数字乡村在数字化农业的基础上融合农产品加工等产业,丰富产品的种类。同时乡村的工厂也采用多种先进的数字设备和系统,提高工厂的产能,提升生产加工的精度并实现智能化生产,在数字乡村产业融合发展的框架下,进一步加深工厂和生产车间与农业的结合,从而使工厂和加工车间的生产更加高效。

而在产品销售阶段,与传统乡村不同的是,数字乡村以互联网为依托,利用电子商务进行农产品或其他产品的销售,将数字乡村生产的优质产品销售到全国各地甚至是世界各地。在互联网中,信息传递速度快,而我国拥有数量庞大的互联网用户,数字乡村正是利用互联网的优势使产品的销售更加方便、快捷。数字乡村通过互联网对数字乡村以及乡村的产品进行宣传,利用互联网扩大乡村的知名度,不仅能够为乡村的特色产品扩展销路、增加销量、形成品牌,更能吸引更多的游客,增加乡村的餐饮、旅游等收入。互联网能够消除地域、时间的差别,将全国各地甚至是世界各地的用户连接起来,而在互联网中销售产品,买卖双方几乎不需要面对面进行讨论,而交易的过程也实现网络化,交易过程进一步缩短,这使得数字乡村的居民可以在全时段同各个地方的买家进行交易,使得乡村产品的销售更加方便快捷、高效。

第二节　乡村振兴视域下数字乡村建设路径

一、夯实乡村数字化转型基础

(一)提升乡村信息基础设施水平

乡村信息基础设施是数字乡村建设的基础,也是实施乡村振兴战略的前提条件,乡村整体信息基础、设施水平的高低关乎数字乡村建设的整体进度,因此要进一步夯实农业、农村信息化转型的基础,提高乡村信息基础设施的水平。

第一,优化乡村网络基础设施,提升乡村网络质量,加快补齐乡村网络信息基础设施的短板。一方面,在数量上增加乡村移动通信基站,实现乡村网络宽带接入的全覆盖。在搭建乡村网络光纤时,要在充分了解乡村人口数量以及网络需求的基础上,实现乡村网络的全覆盖。另一方面,从质量上提升网络的承载能力。尤其是针对一些偏远地区的网络基础建设,要结合当地实际,提供更为稳定的网络接入方式,同时,加快推进新一代信息技术在乡村落实的步伐,同步推进有条件的乡村地区千兆光纤的接入和基于 IPv6 的下一代互联网规模部署和应用,推动乡村信息基础设施的优化升级。

第二,加快乡村传统基础设施的优化升级。在数字乡村建设过程中要实现新一代数字技术与乡村传统基础设施的结合,推动"数字＋水利""数字＋电力""数字＋物流"等在乡村地区的全面落实,加快乡村传统基础设施的智能化、智慧化改造升级,为乡村的生产、生活提供便利条件。同时,提高数字技术在乡村基础设施监管和运营方面的利用率,实现乡村整体的动态化监测和网络化管理。

第三,提升乡村整体信息服务水平,进一步利用数字技术为农村提供政务、生产、生活等领域的信息服务站点和设施。完善政务服务事项和互联网代办服务,实现让数字多跑路,让农民少跑路。加强农业生产经营信息服务,通过创设相关公众号实时推送,利用乡村广播设备进行广播,让农民及时了解到农情咨询,获取农业种植、信息技术使用等信息,提高乡村农业生产效率。同时,在乡村经营方面,要加强网络与农产品的销售信息对接,积极支持农村电商的发展,实现乡村产品网络营销、推广。在生活信息服务方面,实现乡村各种消息网络发布,农民可以在网上缴纳费用,获取各类就业、技能培训、创新创业等信息服务。另外,在建设乡村信息服务设施时,应结合乡村整体的实际情况,实现资源利用的最大化,避免重复建设。

第四,落实乡村数字基础设施的后期运营管理及定期维护的主体责任。乡村应当具备专门的网络技术服务部门,除了要在技术上为乡村居民提供帮助外,还要定期对农村地区的网络信号强度、网络速度、网络承载能力、网络安全等方面进行监测、评估和维护。在发现问题时,及时作出相应的调整,同时,要定期对数据进行更新,提升乡村数据质量,保证数据的完整性、可靠性、实时性,确保可以满足广大乡村居民在生产、生活方面对网络的需求。

(二)强化乡村公共支撑平台

建设数字乡村,离不开平台的支撑,平台为数字乡村建设提供了载体,公共数据平台通过汇聚乡村大数据,对乡村数据进行有效整合,为数字乡村业务和应用提供支撑。公共应用支撑平台则为乡村提供丰富的业务功能模块和编辑接口,来支撑各级政府部门开发、提供一批符合乡村特点的便民应用和组件。

第一,伴随着乡村信息基础设施的不断完善,会催生出大量的关于乡村地貌、农业布局、农民生活等各方面的数据,因此要构建服务“三农”的公共数据平台,建立并完善农业农村大数据体系。首先,拓展互联网数据采集渠道。利用遥感卫星、无人机、云计算、互联网等现代信息设备,实现天地空一体化的数据采集体系,及时对乡村自然环境、地质地貌、资源要素等进行数据获取。其次,整合乡村数据资源,建立乡村数据资源库。将采集到的数据资源进行归类,建立乡村种植业、医疗、政务、教育、卫生、自然等各领域和各方面的数据资源体系,从而进一步完善乡村的数据资源。再次,促进城乡、省域的数据资源的共建共享。统筹推进政务、行业、企业数据的汇聚、共享的大数据体系,实现区域数据的对接,加强信息数据的互联互通,实现业务可以不受时空、地域的局限进行线上协同办理。同时,要在技术层面加强大数据整体的分析、预判能力,为精准生产、科学决策提供数据支撑,为乡村数字应用提供支撑,实现资源的有效利用。

第二,根据乡村需求,建设一批乡村通用的应用软件,同时打造乡村信息平台,完善乡村应用平台功能,为实现多样化的乡村应用场景奠定基础。一是建设、完善乡村数字农业综合信息服务平台。根据乡村现有的大数据体系以及科学技术,分板块、分区域的完善平台功能,平台应集农业知识普及、农情监测、农产品产销对接、农产品质量追溯、在线服务等多种功能于一体,可以为农民提供农业知识技能学习、生产经营管理一体化信息,让数据代替经验为农业提供支撑。二是搭建乡村公共服务平台,实现乡村治理可视化,打通政府密切联系群众的“最后一公里”。各乡村在搭建平台时可以参照借鉴乡村试点的成果,同时结合当地数字治理的具体实践和需求,打造乡村一体化治理平台,实现基层综合治理信息化。平台应涵盖党建服务功能,实现党员网络教育、党务管理宣传与监督;政务服务功能,让村民足不出户就可享受便捷的政务服务;村务财务公开功能,通过互联网平台公开村务财务信息,征集村民意见,接受村民的监督;自然灾害应急服务功能,维护人们的生命、财产安全;公共卫生安全防控功能,提高综合疾病防控能力,在整体上实现基层网格化治理。三是开发集多功能于一体的乡村 APP。实现平台化繁为简,村民可通过 APP、小程序、公众号等网络载体随时随地地获取自己需要的服务,以此来提高乡村平台的利用率,为乡村居民提供便利。

(三)拓宽数字建设资金渠道

"单线不成丝,独木不成林。"数字乡村建设作为一项系统工程,不仅需要国家政策的支持和引导,更需要社会多元主体的共同参与。为了进一步夯实乡村数字设施,加快数字乡村建设步伐,政府部门除了在政策上给予适当倾斜外,也要发挥政策的指引作用,吸引社会资本的加入,拓宽资金来源渠道,形成多元融资共建体系。

第一,加大财政投入力度,设立数字乡村产业发展专项扶持资金。乡村数字基础设施的建设,特别是新一代技术的投入,需要大量的资金扶持,因此需要政府提供稳定的财政资金的投入,尤其是一些偏远的地区或数字基础相对落后的乡村,应当在资金、技术方面给予适当倾斜。一方面,在农业创新创业供给方面给予政策和财政的扶持。除了提供农村创新创业补贴、优惠政策外,还应当完善数字乡村创新创业相应载体,在乡村设立创新创业服务中心,为乡村想要创业人员提供场地、技术、交流等方面的保障。另一方面,对于在数字乡村建设创新方面做出巨大贡献的人,应当在物质和精神方面给予嘉奖,如颁发荣誉证书,提高薪资待遇,以及在今后工作方面提供优厚待遇等。

第二,充分发挥财政资金与国家级投资基金的引导作用,引导金融机构和社会资本参与数字乡村建设。数字乡村建设光靠财政投入是不够的,在一些具有盈利空间的业务领域,应当支持社会资本的投入。充分发挥各类数字企业的带头作用,鼓励其与乡村达成合作,加强乡村的基础设施建设、农村电商、农村教育等方面的投入。同时,加大数字乡村建设招商引资力度,通过市场机制吸引电信运营商、电子商务企业、软件开发商等参与数字乡村建设。

二、强化乡村数字人才支撑

(一)普及数字知识,提高农民数字素养

俗话说:"打铁还需自身硬。"农民是农业农村发展的主体,数字乡村的全面发展有赖于农民广泛而深度参与。从宏观上看,提升农民整体的信息素养,可以进一步推动乡村数字化转型,激发乡村的内生动力。从微观上看,具备一定数字素养能力的农民,可以尽快融入数字社会,获得就业、创业和增收空间的先决条件。

一方面,加强对农民的数字技能培训,提高农民的整体数字素养,培育信息时代新农民,助力乡村人才振兴。本着"实际、实用、实效"的原则,做好整体规划和组织,建立健全培养体系,加强乡村数字农业农村培训的统筹规划,要把具有高信息素养、高科技水平、强市场经营能力、崇高社会责任感作为培养的目标。把具有一定农业产业知识的农民作为培养提高的

对象;把乡村基层干部作为重点培养对象;把返乡创业的农民工、中高等院校毕业的大学生、退役士兵等作为潜在的培养对象;把一些乡村老年人作为乡村数字弱势帮扶对象;把专业生产和技能服务以及农业政策法律法规作为基础培训内容。同时,灵活应用数字平台,拓宽培训渠道,创新培养方式。充分利用社会资源和社会组织,依托电视、广播、数字大屏、宣传栏、农业农村部全国农业科教云平台等多个渠道发布培训内容,或者派遣技术水平高的专业人员下乡指导,采取线上和线下相结合的方式,定期对乡村主体进行培训,提升乡村整体业务能力。除此之外,在培训时应当加强宣传,提升乡村居民对数字乡村建设的认知、意愿,在培训的具体过程中,可借助一些数字乡村建设试点的地区方案,提升乡村居民对于数字技术增收增产、提升生活水平的认知,提高乡村居民学习和应用数字技术的热情,激发农业农村主体的内生动力。

另一方面,优化课程设置,针对不同的人群,研制不同领域的课程,匹配相应的课程难度,实现培训效果的最大化。首先,对于乡村老年人以及不会使用数字设备的人群,应当在保障他们掌握最基本数字技能的基础上,如基本的打字、聊天等,再加以培训,并且要调动社会各方资源对其进行常态化帮扶。其次,针对具备一定数字设备使用能力的农村居民,应当本着实际、实用的原则,先完善他们对于农业的种植、经营、管理的基础知识和使用"新农具"的技能,尔后开展数字平台、农机装备、线上买卖等不同领域的课程。同时,在培训课上尽可能使用通俗的语言,让农民可以听懂,在生活、生产中用得上。另外,要在培训时,利用广播宣传、上门普法、制作小视频等形式,普及网络安全知识,通过讲述网络诈骗案件,让广大农民了解网络诈骗的手段,以此来提高乡村居民网络安全意识。再次,对于乡村基层干部、工作人员应当进行专题信息培训。通过会议的形式深入学习相关政策,通过前往实地考察试点、交流心得的形式,强化他们对于数字乡村政策的了解,提升他们对于数字乡村建设的学习意识,使他们具备利用信息化手段履行职责的能力,以便更好地投入数字乡村的建设工作中。最后,对于乡村高素质的农业劳动者、专业技术人员、农业经营人员应当适当地增加课程难度,提供专业的培训,增加他们在实际应用中的专业性,区分不同的体系,以此来培育一批生产经营型、专业技术型和社会管理型的不同方面的人才,作为数字乡村建设的带头人,共同推进数字乡村建设发展。

(二)创新培养模式,加强数字人才队伍建设

专业化的人才队伍是推动数字乡村建设高质量发展的不竭动力,而乡村数字化的过程却面临着数字人才队伍匮乏的困境,对此,要采用多方聚才的方式,培养造就一支爱农业、懂技术、善经营、可创新的专业人才队伍。

第一,实行产学研相结合,协同本土企业、职业院校、科研机构三方力量,培育一批本土的数字人才,充实乡村数字人才队伍。首先,提高信息技术在课程教育中的比重,强化高校教师对于乡村的认识。在日常教学中拓展学生对于乡村的认识,并且增设信息技术应用的实践活动,将理论与实践相结合,培养兼具知识和技术的综合型人才。再次,选取各领域成绩优异的学生,采取公费培养,在学业完成时,让他们加入数字乡村建设的队伍中,形成兼具管理、创新、应用的专业团队,带领建设数字乡村。最后,通过对乡村现有实用人才进行再培

养、再教育,并对那些有志于返乡或从事信息服务的农村青年集中开展培训,以适应乡村经济社会发展的需要。

第二,开展数字人才下乡活动,鼓励各领域的人才投身乡村。通过政策激励企业家、医生、教师、建筑师等各行各业的人才下乡发展;通过情感纽带以及发展乡村事业吸引本地人才返乡工作;通过乡村资源,发展乡村新业态,吸引创业人员下乡兴业。同时,在数字乡村建设过程中要强化大学生村官、西部志愿者的带动引领作用,在政策上鼓励有志青年投入乡村建设的伟大实践中,为他们提供个性化岗位,引导青年群体扎根乡村,为数字乡村建设注入活力。

第三,为各类人才到农村发展提供政策支持和良好的生存、发展环境。一方面,建立健全科学的乡村人才培养、认定、激励、保障、管理机制,推动"新型职业农民、互联网培训师、互联网营销师"等新兴职业的认定、培训工作。同时,提高基层数字乡村建设工作者的薪资待遇,为下乡人才提供住房、子女教育、医疗卫生等优待,推动乡村形成完善的人才长效体制机制。另一方面,营造良好的干净、整洁的乡村自然环境以及和谐、完备的发展环境,让人才愿意留下来。

三、丰富乡村数字应用场景

数字乡村建设作为激活乡村振兴的突破口,离不开对乡村关键应用场景的营造和升级。要充分利用数字技术为乡村农业生产、产品流通、社会治理、文化观念等场景赋能,进而形成叠加推动作用,推动数字技术与乡村振兴的全面融合。

(一)激活资源要素,推动乡村产业数字化

以数字技术激活乡村要素资源,因地制宜发展乡村新业态。由于地理位置、气候条件、自然环境等先天性因素,乡村地区具备不同的要素资源,因此需要因地制宜,分区分类发展乡村新业态。安徽省长丰县在数字乡村建设中,利用物联网、大数据、区域链、人工智能等技术赋能当地草莓品牌,建设草莓病虫害、市场销售、农业物联网等大数据平台,为全县草莓优化升级提供数据参考;建设数字草莓园区智能管理系统,实现草莓园区土壤、水分、湿度等自动化运行管理;建设草莓品质品牌数字管理系统,实现草莓品牌的数字化安全追溯。从整体上提升了当地草莓的品牌影响力和美誉度,成为全县乡村振兴的支柱产业。该县利用数字技术赋能草莓产业对于各地利用数字激活乡村要素、发展新业态具有重要的借鉴作用。

借鉴长丰县打造数字草莓新模式,各地区也要充分利用数字赋能乡村产业。首先,要建立大数据中心为乡村特色产业赋能,借助大数据对当地产业进行分析、整合,清晰地了解当地产业的发展情况;其次,建立智能管理系统,利用数字技术实现精准监管、自动化管理及产品安全追溯,从数量和质量方面提供保障;再次,培育电商品牌,畅通线上线下售卖渠道,从整体上提高乡村数字生产力;最后,利用数字平台加强当地特色产业和产品的宣传,将具有当地特色的自然风光、文化资源、特色产品等在数字平台定时进行发布和更新,提高影响力,延伸乡村产业链,带动乡村旅游、餐饮及民宿等产业的发展。

（二）立足文化振兴，推动乡村数字文化建设

以数字技术为支撑多角度、多层面发掘乡村文化资源，更新乡村文化的传播载体，变革乡村特色文化宣传方式，创新乡村文化的内容，有利于焕发乡村居民的精神面貌，营造乡风文明新气象，为乡村振兴提供新的增长点。

第一，强化宣传引导，加强农村网络文化阵地建设。充分发挥主流媒体和重点新闻网站作用，利用政府官方宣传账号、公众号、APP等数字平台，及时宣传党的路线方针政策，对社会主义主流思想进行常态化宣传、解读，加强乡村的思想道德建设。同时，利用电视、互联网、广播及时推出乡村振兴的报道，关注乡村人民的切实需求，在相关数字平台积极为农民发声，及时回应农民关切的问题，积极营造全社会关注农业、关心农村、关爱农民的良好氛围。

第二，利用数字技术创新文艺作品的内容和传播形式，丰富乡村文化生活。一方面，增加乡村数字文化的有效供给。鼓励创作以农业、农村、农民为题材的文艺作品，利用直播、短视频、影视等各种传播媒介展示乡村居民生活场景、田间耕种场景，讲好乡村振兴故事，宣传乡村特色文化以及习俗，打造一批贴近农民生活、深受农民欢迎，具有浓厚乡村特色、充满正能量的网络文化节目和文艺作品，丰富乡村文化。另一方面，做好舆情引导。依法打击乡村非法传教活动，加强对乡村网络文化的管理，清理网络空间的不良和负面信息，筑牢乡村文化阵地。

第三，加强乡村优秀文化基因的保护、传承，推进乡村优秀文化资源数字化。首先，加强对乡村特色文化的挖掘，由政府带头，建立专业的乡村文化挖掘队伍，充分发掘和开采当地的历史文化资源。其次，建立乡村数字文化资源库，利用数字技术，梳理乡村的发展脉络，保存乡村自然风景，对乡村的特色文化、传统习俗进行推广。再次，对于各省、市、县的一些文化名镇、名村、传统村落，应当建立数字博物馆，依据相关规范对当地的一些非物质文化遗产，包括方言、文字、戏曲、民俗、房屋等，进行数字记录、保存，通过数字平台进行展示。以数字技术赋予乡村文化新动能，利用虚拟场景、全息场景、高清转播等形式，推动乡村旅游的发展。同时，延长旅游产业链，开展云旅游，让乡村居民可以通过手机、电视等身临其境，感受乡村文化的魅力。

（三）深化信息惠民，推进公共服务数字化

公共服务关系到人民群众的切身利益，是乡村建设的重要内容。数字技术与乡村教育、医疗的深度融合，有利于创新公共服务的供给方式，提升公共服务的品质，满足人民美好生活的需要。

第一，实现农村教育信息化。首先，整合城市优质教学资源，通过互联网输送到乡村地区，充实乡村教育资源，帮助补齐乡村教育的短板，补齐乡村相应课程的欠缺。其次，加强对网络空间学习的推广，可以以省级教育资源公共服务平台为依托，为乡村学生提供在线服务、名师解答、在线教学等服务，弥补乡村教师水平、教学资源的欠缺。再次，加强数字资源的课堂利用，以培训、示范的手段提升乡村教师的数字教学工作能力，引导教师在工作过程中结合网络空间资源，利用数字媒体，提高课堂的生动性，提升乡村整体教学质量。最后，配

齐教育信息设备,建立乡村公共图书馆、电子阅览室,满足不同群体对于书籍的需求。

第二,实现农村医疗信息化。陕西省镇巴县在数字乡村建设中积极打造"互联网＋健康",积极推进全民医疗健康信息化工作,建成了覆盖全县的卫生医疗机构信息网络,实行了电子化办公,为乡村医疗带来了极大的便利,提高了整体的工作效率。自主研发了医疗信息管理系统,为乡村居民提供网上签约家庭医生的医疗服务,且相关诊疗记录在网上都可以查询,实现了可视化管理。同时,开展了远程医疗服务,让大山深处数万群众享受到了最新的医疗科技福利。

(四)创新治理模式,推进乡村治理数字化

新一代信息技术的驱动,为乡村提供了更加便捷化、智慧化的治理手段,使得乡村治理数字化成为大势所趋。当前"互联网＋党务""互联网＋村务""互联网＋社区"等已成为乡村治理的主要形式,从整体上提升了乡村治理效能。乡村作为我国治理体系中最基本的单元,利用大数据、互联网、物联网等平台,有利于打通政府密切联系群众的"最后一公里"。

第一,全面实现乡村基层管理数字化。首先,建立乡村治理平台,实现乡村政务、财务在数字治理平台公开,加强政府与群众之间数据的互通互联。其次,提升乡村平台的服务能力,进一步地优化办事效率,简化办事流程,对于乡村居民的公共诉求,应当及时给予反馈。同时,推进智慧社区向农村延伸,政府可以以社区为单位进行政策传递、普法宣传,畅通乡村信息渠道,逐步实现社区信息公开、协商议事网上进行。再次,提升乡村基层党建信息化水平,实现党员远程化教育、网络党课教育。最后,加强村民网络自治,在乡村治理平台设立民主协商和民主监督板块,及时地公开村务,并且通过匿名投票、点赞等形式,为村民参与到村级事务开辟渠道,激发村民参与乡村事务的积极性。同时,加强村民对当地政府的监督,建立专门的政府邮箱,接受广大村民的意见和建议,并且政府应及时对相关问题做出反馈,保障村民的主人翁地位。

第二,建立全面覆盖、实时监控的乡村数字化疫情防控体系。首先,建立突发事件的分检监测和预警信息共享平台,让群众可以及时了解相关信息。其次,实现网格化管理,建立一户一证,实时动态综合监测,实现人口数量、流向、行动轨迹的可视化分析、研判。最后,实现各业务数据跨行业整合,可以在突发公共卫生事件时,有效地整合医疗、消防、物资等各领域的资源,为公共卫生安全提供全面的保障。

四、推动数字乡村体系建设

数字乡村建设作为乡村振兴战略的发展方向,在建设中既需要加强组织领导,强化责任落实,又需要明确建设目标,做好整体规划,更需要精准施策,完善配套制度,强化体制机制,进而推动数字乡村体系建设,做到在发展中规范,在规范中发展。

(一)加强组织领导,强化责任落实

第一,加强组织领导,完善各领域配套保障机制。首先,健全乡村组织体系,形成党员带头、干部贯彻落实、村民积极参与的建设格局。其次,在数字乡村建设的过程中发挥基层党组织的带头引领和统筹协调作用。要在建设过程中本着资源利用最大化的运营机制,合理

地利用乡村资源,减少重复建设、资源的过度浪费,落实建设资金和数据资源。再次,完善平等准入、数据共享、层级互联的参与机制,使乡村居民可以平等地利用数据资源,有序地参与乡村建设。最后,统一数字乡村建设项目的管理,完善从项目开始到项目验收整体的运营管理机制。结合当地的项目管理平台,实现对数字乡村建设项目审批、评审、立项、评估、验收等过程信息化管理,实现网上可查询、监督、追溯。

第二,建立工作机制,强化责任落实,抓好组织推动和监督工作。尽管我国对于数字乡村建设已经出台多项政策规划,但是还需要在实际工作中明确相关职责,分配好各项具体任务,抓好监督工作,推动各项政策在乡村建设中真正的落实。首先,完善数字乡村建设的宣传工作机制,建立专门的宣传小组,利用乡村宣传栏、广播、会议等形式,加强对乡村居民政策普及和宣传。其次,完善数字乡村建设工作监督机制。贵州余庆县在乡村试点工作中成立了以县委书记和县长为双组长的数字乡村工作专班。各地在数字乡村建设中可以借鉴余庆县的组织领导架构并结合当地的实际情况,成立专门的数字乡村建设的领导小组,由数字乡村建设的主要负责人担任组长,同时可以通过组内选举出副组长,进一步明确各环节工作要求和标准,管理和监督各项工作的落实情况。同时,将技术与乡村治理相结合,构建乡村公共监督平台,让村民参与到数字乡村建设中,发挥村民的监督作用。再次,完善数字乡村建设干部考核机制。采用笔试加面试各占一定比重的打分形式,对乡村干部定期进行绩效考核,对考核排名落后的乡村干部进行常态化约谈,以便更好地规范数字乡村建设行为,及时更正不合理行为,提高乡村干部的工作积极性。

(二)明确建设目标,做好整体规划

第一,做好数字乡村建设的整体规划,加强各层级规划的全面衔接。数字乡村是实现乡村全面振兴的重要抓手,在建设时要与"十四五"规划和脱贫攻坚成果相衔接。另外,各省市在既有的数字农业农村发展规划、文件的基础上,将数字乡村建设融入信息化规划和乡村振兴重点工程,围绕"为什么建、建成什么样、如何建、谁来负责"等问题,编制本地区的数字乡村建设规划实施方案和实施细则。同时,各地区要结合当地的实际情况确立数字乡村建设短期目标、阶段性目标、具体实施步骤以及相关负责部门,完善数字乡村建设的系统体系,构建好具体的实施方案。除了要贯彻落实国家关于数字乡村建设的多项政策外,为确保建设的有序进行,还要在政策和规制上提供坚实的保障,各地在建设过程中也要坚持问题导向,结合当地的具体实践,及时调整数字乡村建设在资金、人才等方面的相关政策,做到因地制宜、与时俱进。

第二,统筹城乡信息融合发展工作,加强政策衔接和工作协调。数字乡村建设是一项涉及区域经济社会发展的综合性工程,不仅要完善乡村的信息基础设施,建立健全乡村数据资源库、平台,更要把握好城乡关系发展,通过以城带乡,畅通城乡信息数据交流,加快城乡间的信息融合发展,弥合城乡间的信息鸿沟,实现城乡信息资源、平台的共建、共享,通过数字化赋能,实现城乡间的人才、技术、资金、市场的双向流通、发展,进一步带动乡村的发展。同时,完善数字乡村建设的统筹协调机制。各部门之间在建设数字乡村的过程中要加强业务协同办理,加强互联互通,相互配合,实现上下联动,形成建设合力,更好地促进数字乡村建设发展。

（三）构建数字乡村建设的评价体系

第一，建立数字乡村建设发展的考核、奖惩制度。俗话说："没有规矩，不成方圆。"首先，将数字乡村建设纳入各地区的政府评价工作体系中，建立专门的监督部门，定期开展数字乡村建设发展过程的监督、评价工作。其次，建立科学的数字乡村发展奖惩制度。对于数字乡村贯彻、落实好的地区，或者对于数字乡村建设模式有巨大创新性贡献的地域，给予物质和精神上的鼓励；对于未能在规定时间完成数字乡村建设目标的地区，可以进行约谈，并且给予一定程度的惩罚。

第二，构建多层次，多主体的数字乡村科学评价体系。一方面，明确数字乡村发展评价指标。以各乡村地区设立预期建设目标为评价指标，可以细化为信息基础设施、人才、技术、治理体系、政策、村民参与度、村民幸福感、乡村网络安全等方面的具体指标，通过将实际成果与预期目标进行比对，完成对数字乡村建设取得的实践成果的评价。同时，在发展中逐步完善评价方式，可以先选择一些省市级别的数字乡村试点开展数字乡村建设发展的评价工作，逐步积累经验，再细化到各县域、各乡村，以期探索到统一的评价标准。在实际工作中也要结合国家、省市、各地区的具体实施政策，明确评价重点，进行分层分级评价。另一方面，构建多元评价主体。评价主体不能仅仅依靠政府设立的管理部门、监督部门的内部评价，还应该包括第三方的外部评价，通过聘请、组织第三方评估人员，或者数字乡村建设部门与高校设立的数字乡村发展评估机构，深入乡村各地区进行实地调研，也可以把居民的反馈作为评价的一部分，从居民的角度对当前数字乡村建设成果进行评价，力求达成对数字乡村建设科学的评价。

第五章

"智慧农业"的发展路径

第一节 "智慧农业"概述

一、"智慧农业"的内涵

"智慧农业"概念的提出,从技术层面看,与计算机技术、互联网、信息化、大数据、物联网、智能化等诸多领域发展与应用直接相关;从产业层面看,与农业产业化、农业创新转型、农村综合治理、农民职业化直接相关。也就是说,"智慧农业"是指在信息时代中应用大数据、智能化、移动互联网和云计算等技术对传统农业经济实行产业化治理,实现农业产供销全过程可追溯监管,培育职业农民的新型农业体系。"智慧农业"与"数字农业""农业信息化""电子农业""智能农业""互联网农业"等概念相通相近。总体来看,"智慧农业"概念及其产业的发展是农业信息化、农业产业化和农民职业化发展的结果。

智慧农业是以最高效率地利用各种农业资源,最大限度地降低农业成本和能耗、减少农业生态环境破坏以及实现农业系统的整体最优化为目标,以农业全产业、全过程智能化的泛在化为特征,以全面感知、可靠传输和智能处理等物联网技术为支持和手段,以自动化生产、最优化控制、智能化管理、系统化物流和电子化交易为主要生产方式的高产、高效、低耗、优质、生态和安全的一种现代农业发展模式与形态。"智慧农业"是充分利用信息技术,包括更透彻的感知技术、更广泛的互联互通技术和更深入的智能化技术,使得农业系统的运转更加有效、更加智慧,以使农业系统达到农产品竞争力强、农业可持续发展、农业资源有效利用和环境保护的目标。"智慧农业"是利用现代计算机技术和互联网手段与平台,通过专家经验和专家系统的指导,定量数字化模拟、加工与决策,使得农作物生长与产供销全过程智能化、数字化和信息化,实现农业信息采集、加工、处理和评价分析现代化、科学化和智能化的目标,是我国农业未来发展的方向之一,是实现农业现代化的重要举措之一。"智慧农业"处于农业生产的最高阶段,是物联网技术、无线网络技术、传感技术等多种新技术在农业生产中的高度融合,它使得农业生产信息化基础更完备,农业信息感知更加透彻,数据资源更加集中,智能控制更加深入,公众服务更加贴心。

我国大部分地区都是以传统农业生产模式为主的农业生产,传统的生产模式耕种主要凭农民的个人经验来进行农业生产,在施肥灌溉上很容易控制不好尺度,这样很容易污染环境、影响土壤肥力,阻碍农业发展的可持续性。"智慧农业"针对上述问题,利用农业物联网信息采集系统监测动态,获取实时的、多维的信息,在信息与种植专家知识系统共享的基础上,实现农田的自动控制,达到智能灌溉、智能施肥与智能喷药等目标,突破信息获取难、智能化程度低等技术发展瓶颈。"智慧农业"是智能农业专家系统,是"感知中国"理念在农业发展中的具体应用,是指利用物联网技术、云计算技术等信息化技术实现"三农"产业的数字化、低碳化、生态化、智能化、集约化,从空间、组织、管理整合现有农业基础设施、通信设备和信息化设施,使农业与生态环境和谐发展,实现"高效、智能、聪明、精细",是现代信息技术融合在农业发展领域中的具体实践和应用。

二、"智慧农业"系统

"智慧农业"系统能够促进传统农业向"智慧农业"转变,可以从农产品种植、收获、生产、销售、物流、产品追踪等方面实现生产、供应、销售全流程的控制,覆盖农业生产、销售等多个环节。"智慧农业"由四个部分组成,即"智慧农业"生产系统、"智慧农业"经营系统、"智慧农业"管理系统和"智慧农业"服务系统。

(一)"智慧农业"生产系统

"智慧农业"生产管理系统以农业物联网平台为载体,保证农产品的质量。物联网、云计算等技术构建成的智慧型农业物联网,通过部署在各个农业生产现场的终端传感器,对农产品的生长过程进行全程管理,检测农作物是否需要添加农药等物质,利用 RFID(即射频识别技术,通过射频信号和空间耦合传输特性,进行自动识别目标对象并获取相关的数据)电子标签追踪产品溯源等。生产管理系统的主要功能有:一是信息采集功能,通过各种传感器采集如温湿度、土壤酸碱度等数据;二是监管功能,通过安装视频等设备对农业生产现场进行采集,传输到专家系统对生产情况进行指导;三是数据分析功能,对生产过程中积累的大量数据能够进行充分的挖掘、分析;四是操控功能,通过互联网、物联网技术实现卷帘、灌溉、风机等远程操控。

(二)"智慧农业"经营系统

农产品依靠原始的信息手段、销售手段解决不了销售难的问题,而利用物联网系统中储存的大量数据,根据农产品的种类和农民所处地域,可精确分析处理并给出实时市场数据,实现销售、购买和费用支付等业务"一条龙"模式,解决农产品积压、滞销等问题。将信息技术与农业生产有机结合,建立农产品生产监管机制,包括对农产品质量的监督和销售的监督,实现农业生产信息透明化、销售有序化、售后可控化,最终建立整体的、系统的农产品生产模式。

(三)"智慧农业"管理系统

现代农业的集约化生产和可持续发展要求实时了解农业相关资源配置,掌握环境变化,需要加强对农业整体的监管,在宏观上加强管理,合理配置、合理开发、合理利用有限的农业资源,实现可持续发展。我国农业资源分布有较大的区域差异,且种类多、变化快,难以依靠传统方法进行准确预测,而现代技术的广泛应用为农业管理提供了更为便捷的方式,使农业的管理与决策更为智慧。其主要是通过物联网、移动互联网、云计算、大数据等现代信息技术,推动种植业、畜牧业、农机农垦等各农业领域协调发展,推进农业生产管理信息化,加强农业生产的应时控制、农产品质量安全信用体系的建设,农产品行业中可应用于农产品的跟踪监管和溯源,确保农产品供应链的高质量数据交流。"智慧农业"运用信息化技术能保证农产品来源的清晰,实现产品追踪,从而实现产品质量的监管和追溯;能提高农业主管部门在生产决策、资源配置、上下协同、指挥调度、信息反馈等方面的行政效能,达到"农业管理高效和智能"的先进化管理的智慧水平。利用移动互联网、云计算、物联网等现代信息技术,建立起农业综合在线管理系统,系统通过移动智能终端,能实现一系列管理活动,提高农业管理工作效率。

（四）"智慧农业"服务系统

该系统通过互联网技术将部署在各个生产现场的传感器采集到的数据进行压缩编码，传送给农业专家，专家足不出户，不用到生产现场，即可实时远程指导、在线回答疑问等。专家远程服务系统的主要功能有：一是农产品生产者与农业专家可实现双向音视频实时沟通的功能；二是对农业生产过程实施远程控制的功能；三是综合服务功能。基于农业大数据分析结果得到的决策信息，通过农业信息共享平台向农户传递，农户可以通过手机 APP 实时查看自己农田的环境参数信息，还可以远程控制农田里的灌溉设备。

三、"智慧农业"的特征

"智慧农业"就是把农业资源各要素、各个产业与科学技术、现代信息技术、大数据分析相融合，用技术推动从农业生产到农产品销售终端之间各个环节的完美实现，提高农业资源利用效率，提高效益，减少污染。

（一）"智慧农业"生产的生态性

"智慧农业"生产是整个农业产业链的关键环节。农业生产与互联网技术、农业云计算、大数据分析的结合使农业各个产业的运行更有效率。农业生产者可以通过 3S 技术（遥感技术、地理信息系统、全球定位系统）得出农作物生长的相关环境数据，对农作物生长做出最优抉择，提高农业资源利用率，保证农业生产的生态性，提升农产品品质。

（二）"智慧农业"管理的效益性

"智慧农业"管理贯穿于整个农业产业链的方方面面，从农业生产到农产品销售终端各个环节实现有效管理。利用农业环境监测平台，对农作物生长情况做到有效预警，对农作物施肥、施药、灌溉等进行精细化控制；利用农产品交易平台，做到精准营销，提高农产品产业化水平，增加农民收入。因此，"智慧农业"管理具有效益性。

（三）"智慧农业"信息服务的共享性

"智慧农业"在发展过程中注重信息服务的共享性，基于互联网、云计算、大数据分析等，可实现农业生产信息的采集、储存与传送，农民有问题时可以随时与在线专家联系，了解信息，及时解决问题；对农产品涉及的市场信息、农产品供给信息、消费者需求信息、物流信息等了如指掌，对农业资讯、农业发展动态信息实时跟进，有效解决农业信息不对称和信息获取不完全的问题。

四、"智慧农业"的作用

（一）"智慧农业"能够提高农业生产经营效率，提升农业竞争力

"智慧农业"采集到的农业大数据，可以让农业经营者灵活地实时掌握天气变化数据、市场供需数据、农作物生长数据等，准确判断农作物是否需要施肥、浇水或施药，避免了因自然因素造成的产量下降，提高了农业生产对自然环境风险的应对能力。通过智能化设备合理安排用工、用时、用地，减少劳动和土地使用成本。智能化设备代替人力的农业劳作，不仅解决了农业劳动力日益紧缺的问题，还实现了农业生产的规模化、集约化，这样不仅提高了农

业生产率,促进了农业生产组织化,还提高了农业生产对自然环境风险的应对能力,使弱势的传统农业成为具有优势的现代产业。互联网与农业的深度融合,使得农产品电商、土地流转平台、农业大数据、农业物联网等农业市场创新商业模式不断出现,大大降低了信息搜索、经营管理的成本。"智慧农业"还可以引导和支持新型农业经营主体发展壮大和联合,如农业专业大户、家庭农场、农民专业合作社、龙头企业等,促进农产品生产、流通、加工、储运、销售、服务等农业相关产业紧密连接,农业土地、劳动、资本、技术等要素资源得到有效组织和配置,使产业、要素集聚从量的集合到质的突变,从而再造整个农业产业链,实现农业与二、三产业交叉渗透、融合发展,提升农业竞争力。

(二)"智慧农业"能够实现农业精细化、绿色化发展

必须确立发展绿色农业就是保护生态的观念。"智慧农业"作为集保护生态、发展生产为一体的农业生产经营模式,通过农业精细化生产,实施测土配方施肥、农药精准科学施用、农业节水灌溉,推动农业废弃物资源化利用,达到了合理利用农业资源、减少污染、改善生态环境的目的,不仅能保护好青山绿水,还能实现产品绿色安全优质。"智慧农业"借助科技手段对不同的农业生产对象实施精准化操作,在满足农作物生长需要的同时,既能避免资源浪费,又能防止环境污染。通过智能化设备对土壤、水环境状况可以实时动态监控,构建农业生态环境监测网络,精细获取土情、地情、水情等农业资源信息,使之符合农业生产环境标准,按照一定技术经济标准和规范要求通过智能化设备进行生产,保障农产品的品质,达到统一,确保产品安全。借助互联网及二维码等技术手段,建立全程可追溯、互联共享的农产品质量和食品安全信息平台,健全从农田到餐桌的农产品质量安全过程监管体系,保障人民群众"舌尖上的绿色与安全"。"智慧农业"保障了资源节约、产品安全,实现精细化操作,推动资源永续利用和农业可持续发展,实现了"绿色化"。

(三)"智慧农业"能够促进农业发展观念的转变

智慧化的农业让人们转变了传统的农业思考模式,例如,农业相关人员利用信息化手段足不出户就能够远程学习农业知识,获取各种科技和农产品相关信息;专家系统和信息化终端为农业生产者提供生产指导,指导农业生产经营,改变了过去单纯依靠经验进行农业生产经营的传统模式,彻底转变了农业生产者和消费者对传统农业生产方式落后、科技含量低的认知。此外,"智慧农业"阶段,农业生产经营规模越来越大,生产效益越来越高,迫使小农生产向以大规模农业协会为主体的农业组织体系转型升级。

"智慧农业"的发展,体现了以人为本的价值观念,摒弃了追求眼前物质利益而忽视人类伦理关怀的价值倾向。"智慧农业"的发展,以建设优美宜人的自然环境和健康舒适的人文环境为目标,创造良好的农业环境,为人类生存和发展提供科学化、舒适化的自然关怀;体现了科学原则与人文关怀的统一,有利于根据自然本身发展的规律使人与自然和谐相处、有机统一,让农业生产、自然环境与人类的生产之间实现互利共赢。农产品的生产与种植也要考虑自然环境的承载力,遵循自然环境的发展规律,将农业、自然环境、人构成有机统一体,充分考虑到每个方面的特点,实现农业生产运行的科学化。

（四）"智慧农业"能够促使农业发展过程的优化

"智慧农业"的重要特点是农产品品质好，富含丰富的矿物质和有机元素，能为人体提供多样的营养元素，促进人的身体健康，这也是"智慧农业"生产的基本要求。只有认识到农产品的品质是农业生产的基础，才可以生产出人们需要的农产品，农产品质量才有了保证，才会彰显"智慧农业"的优势。传统农业生产的农产品的质量有待于提升，"智慧农业"在信息技术、科学管理的支撑下，可以有效提升质量和提高产量，促进农业发展过程的优化。"智慧农业"的优化发展践行了生态文明的理念，依靠科学技术、信息技术，合理分配与利用资源，促进农业发展的持续化，促进农业发展的转型升级。

第二节 "智慧农业"的并行模式——"互联网＋现代农业"

一、"互联网＋现代农业"的内涵

我国致力于农业发展的信息化、智能化，农业由单纯依赖劳动力投入的传统农业逐渐过渡到现代化农业、信息化农业。"互联网＋现代农业"作为一种新型的发展模式，与新形势下农业现代化建设的理念密切契合。"互联网＋"是指利用互联网的信息化、技术化对传统产业进行转型、升级，使有效信息被挖掘、利用、转化，注重对传统产业效益的提升，实现经济的快速发展。"互联网＋现代农业"不是"互联网＋"与现代农业的简单叠拼，而是两者的深度融合。综合来看，"互联网＋现代农业"是指在农业中广泛运用互联网技术、大数据、云计算、物联网等先进技术，以信息化、智能化、产业化为主要形式，调整农业产业结构，促进农业升级优化，保障农业可持续发展，是加快实现农业现代化的利剑。

二、"互联网＋现代农业"的主要特征

为了更好地理解"互联网＋现代农业"，我们把"互联网＋现代农业"的特征总结为"八化"，即品种良种化、布局区域化、生产智能化、经营产业化、服务信息化、农产品品牌化、农民职业化、发展国际化。

（一）品种良种化

纵观现代农业生产的发展和进步，无一不是良种在起着关键性的作用。要实现农业的现代化，一是要提高良种覆盖率，二是要不断进行品种更新。"互联网＋现代农业"就是运用互联网技术、大数据分析等对农作物的育种、生长环境等方面实现有效控制，做到品种良种化，有利于提升农产品品质，实现农业产出高效。

（二）布局区域化

每一个优良品种，都有自己最适宜的栽培区域，只有把它放在最适宜的地区栽培，才能充分发挥其作用。所谓布局区域化，主要是指把优良品种安排在最适宜的地区集中栽培，以发挥其最大的潜力和比较优势。"互联网＋现代农业"就是运用现代信息技术、大数据分析，使农业资源优化配置，形成优势农产品生产区和产业带，提升农业发展效益和产业竞争能力。

（三）生产智能化

靠天、靠经验的传统农业生产方式已不适应时代发展的潮流，在"互联网＋"时代下，应充分利用互联网技术、云计算、大数据分析，提高农业生产效率，实现农业生产的精细化。农业生产者可通过物联网技术、3S技术（遥感技术、地理信息系统、全球定位系统）、生态环境监测系统等，注重农业生产的智能化，提高农业资源利用率，实现农业现代化的快速发展。

（四）经营产业化

农业产业化经营要充分运用互联网技术、大数据分析、开放平台来组织现代农业的生产和经营。"互联网＋现代农业"对农业和农村经济实行区域化布局、精准化生产、网络化服务和在线化管理，形成产、供、销"一条龙"的经营方式和产业组织形式，推动农业的发展日益呈现出规模化、产业化的特征。

（五）服务信息化

"互联网＋现代农业"基于农业大数据共享平台、大数据分析等，可实现农业生产、农业流通、农业管理过程中服务的精准化、共享化，帮助农业生产者获取农作物生长信息、市场信息、物流信息、农业发展动态信息等，提升农业的市场竞争力，振兴乡村经济，加速农业现代化的进程。

（六）农产品品牌化

国际环境的变化对我国农业产业的发展产生了深刻的影响，农产品市场的竞争异常激烈。从一定意义上讲，没有品牌和商标的农业，不是现代化农业，也无法适应市场经济的发展。好的品牌意味着好的质量、好的价格，有利于农业增效、农民增收。因此，建立和培育农产品品牌已经成为我国农产品生产经营者提升市场竞争力的必然选择，成为我国农业产业化和现代化进程中不可回避的重要环节。互联网开放、透明、共享的特性，迫使农企更加注重品牌、特色，挖掘文化内涵，树立起农业"百年老店"的品牌形象。借助互联网技术，建立农产品质量安全追溯平台，保证农产品质量和安全，树立农产品品牌，有利于平衡农产品供需结构。

（七）农民职业化

"互联网＋现代农业"的发展，从根本上讲，最终取决于科技的进步和劳动者素质的提高。加快农业现代化的实现，适应"互联网＋现代农业"发展的需要和应对市场经济的挑战，就必须高度重视和加速农民职业化的进程，培养更多的知识型农民、职业化农民。在"互联网＋"时代契机下，迫使农民转变传统农业思维，塑造农民职业化身份。

（八）发展国际化

当今世界，正面临着工业化、信息化、城镇化、市场化、国际化深入发展的新形势。要实现农业的现代化，就必须有国际化的大视野，实现国内农业生产、流通、消费与国际的对接。"互联网＋现代农业"充分利用现代信息技术，注重农业生产的智能化、信息化、规模化，降低农业生产成本。农业产业不断升级与优化，提高了农产品的科技含量，农产品品牌日益国际化，与国际接轨，有利于夯实我国农业发展的国际竞争力。

三、"互联网＋现代农业"创新发展体系

"互联网＋"使传统农业向生产科学化、经营产业化、销售精准化、服务信息化等方向转型升级,由此构建了一种基于"互联网＋"背景下农业的创新发展体系,以生产—经营—流通—深发展为主线,运用"互联网＋"串起现代农业的发展链条,有利于解决我国的"三农"问题,促进农业经济的繁荣发展。"互联网＋现代农业"创新发展体系主要包括生产体系、经营体系、流通体系、"服务＋管理"体系以及可持续发展体系。这五大体系相互联系,不可分割,以互联网、大数据、云计算等信息技术手段为媒介,渗透于农业生产的各个方面,促进农业经济全面现代化的实现。"互联网＋现代农业"生产体系可从源头上提高农业经济的竞争力,互联网技术进入育种、栽培、灌溉、收割、加工等农业生产环节,促进农业生产精细化、专业化,基于物联网、大数据等手段提升农业生产各个环节的智能化水平。"互联网＋现代农业"经营体系主要以土地为基础,融合现代互联网信息技术,实行土地改革,改变以家庭联产承包责任制为主的经营管理体制,形成"互联网＋现代农业"发展的适度规模化、产业化优势。"互联网＋现代农业"流通体系主要解决农产品的销售问题,实现农业生产与需求之间的精准对接,主要通过农业电子商务体系达到供需平衡,提高农民收入,实现精准扶贫。"互联网＋现代农业"可持续发展体系可实现农产品深加工、各产业融合、生态环境保护、创意农业等,保障"互联网＋现代农业"的长远发展。"互联网＋现代农业"的"服务＋管理"体系贯穿于生产体系、经营体系、流通体系、可持续发展体系中,基于信息化手段和信息共享平台提供技术服务、社会化服务等,使各个体系相互融合,实现农业、农村现代化治理。

四、"互联网＋现代农业"发展维度探析

（一）从国家宏观维度上加强顶层规划设计,引导"互联网＋现代农业"

"互联网＋现代农业"是现代信息技术与农业深度融合的战略性思维,对农业现代化的实现有重要的推动作用。应加强"互联网＋现代农业"顶层规划设计,尽快出台"互联网＋现代农业"发展规划,借助大数据、云计算等手段,制定"互联网＋现代农业"的发展目标、任务和步骤,统一布局、统一协调、稳步推进,在国家宏观指导下具体开展"互联网＋现代农业"的实施性工作,在省、市、县尽快出台"互联网＋现代农业"发展方案,确定技术发展思路图,加强关键技术和基础领域在互联网与农业深度融合上的实践与创新。加强政策引导,在政策制定和扶持上适度倾斜"互联网＋现代农业",例如,加大农业智能化技术研发补贴、加大农村科研经费投入等,为"互联网＋现代农业"发展提供资金支持;完善"互联网＋"时代下一些"惠农"发展机制,为"互联网＋现代农业"的实现提供有利条件。建立健全激励机制,成效突出的示范区可加大支持力度,对成效不突出或发展缓慢的地区要减少或暂停相关政策项目支持。

（二）从农业生产维度上提高农业生产智能化水平,促进"互联网＋现代农业"

提高农业生产智能化水平,是新时代条件下提高农业大国竞争优势和提升政府治理能力的有效路径。"互联网＋现代农业"重视农业生产的信息化、智能化,倒逼出"精准农业",

能够节约成本,提升农产品的品质,提高农业发展效益,增加农民收入。利用大数据、云计算、物联网等技术,在育种、栽培、生长、灌溉等环节,做到科学种植、合理生产,不断提升农作物生产的效益。可重点推广节水、节药、节肥、节劳动力的物联网技术,提高农业生产的劳动生产率和土地生产率。在农产品生长环节,充分利用大数据、云计算精准获取农作物生长信息、环境信息等,选择优良的品种,保障农作物生长的安全和质量,有利于调节农产品的供应,避免供应过剩,满足人们的需求。将大数据分析、云计算运用到农产品质量安全监管的全过程,加强农产品质量溯源管理,满足人们对"舌尖上的安全"的渴求,打造特色农产品品牌,树立品牌意识,推进地区精准扶贫。

(三)从经营方式维度上鼓励农业适度规模化经营,推动"互联网+现代农业"

农业适度规模化经营是"互联网+现代农业"的必经之路,只有农业适度规模化经营才能有效地把互联网技术、先进的大数据分析应用到农业经济中,提高产量、降低经营成本,实现农业产业化发展。农业适度规模化经营,依法推进农村土地使用制度改革,规范、合理地促进土地承包经营权的流转。国家鼓励和支持土地经营权流转,保护农民土地权益,建立规范有序的土地流转市场,完善土地补偿机制,健全农村社会保障体系。促进农业适度规模化经营,可采取多种方式,如可实行联户经营、树立统一标准的规模化经营、涉农组织带动的规模化经营等,不断创新适合"互联网+现代农业"发展的规模化经营模式。

(四)从基础设施建设维度上深度融合农业现代信息技术,发展"互联网+现代农业"

"互联网+现代农业"发展的关键在于农业与现代信息技术的深度融合,因此,必须加快农村互联网基础设施建设。"宽带中国"战略的推进有助于我国信息基础设施建设水平的提升,着重解决宽带"村村通"问题,缩小城乡互联网普及率差距,降低农村互联网资费标准和使用成本,逐步扩大信息网络在农村的覆盖范围,优化农村信息服务环境。加快建设农业大数据工程、大数据中心,是农业实现跨越式发展的动力。全面采集农业信息,整合全方位信息服务,让农民能够了解农业大数据信息的使用,可确保农业信息及时、准确、有效,提高农民使用农业信息资源利用的效率,为顺利实现"互联网+现代农业"的科学发展提供信息保障。在农产品流通渠道上深度融合农业现代信息技术,积极推动农村电商发展。发展农村电商是实现"互联网+现代农业"的重要手段,有利于实现农产品的供应与消费者需求的精准对接,也是实现农民创业创收的重要方式。要推动农村电子商务平台的建立,增加较为完善的电商平台在农业方面的投入力度,还要培养、鼓励一些涉农企业或组织建立电商平台,让农产品可实现线上线下同步交易。加强农村物流基础设施建设,提升农产品物流配送体系,降低农村物流运输成本,保障农产品的运输和配送,从而不断提高农村电商的盈利水平,拓宽农村网购市场,带动农村服务业的升级与发展。

(五)从经营主体维度上培养新型职业化农民,践行"互联网+现代农业"

"互联网+现代农业"的发展,各参与主体都要逐渐转变传统农业意识,尤其是农民。"互联网+现代农业"真正落地生根,需要大批新型职业化农民,他们不仅要懂农业,还要利用网络技术管理农业,他们是实现"互联网+现代农业"建设的人力支撑。以农业适度规模化、产业化为抓手,推进农民职业化发展,提高农民的职业素养,建立新型职业农民队伍,构建智能化、移动化的新型职业农民培育体系,具体落实新型职业农民教育培训体系的构建工作,为"互联网+现代农业"发展提供智力支持。鼓励和引导大中专毕业生、返乡农民工、各类科技人员等到农村践行"互联网+现代农业",发挥他们的推动作用,提高涉农人员素质。尤其是农村中的中青年,他们接受新鲜事物比较快,对互联网的操作和使用比较熟练,应做好扶持工作,鼓励他们回农村、在农村中工作,推动农业农村经济现代化的实现。

(六)从发展长效维度上拓展农业发展多种功能,提升"互联网+现代农业"

由于农业资源的有限性、环境的污染性以及人们需求的无限性,拓展农业发展多种功能是提升"互联网+现代农业"的重要手段,有助于农业农村的长效发展和农村环境的改善。要利用现代信息技术、大数据分析、云计算等,推进农业与文化、教育、科技、生态、旅游等的融合,提高农产品附加值,提升农业持续竞争力。要利用农村天然禀赋优势,如自然生态环境、人文景观等积极开发农村旅游业、休闲农业、文化创意农业,推动农村服务业的发展,减少对农业农村环境的污染。利用农村地区优势,积极建设美丽田园,培育各具特色的地方品牌,形成别具一格的农业发展模式,加强宣传,走向国际,提高农业综合收益。融合新技术、新手段,鼓励农民、联合社会各类组织对农业进行改造和创新,充分发挥农业的优势,挖掘出农业的多种功能,实现乡村振兴。

第三节 "智慧农业"发展路径选择

一、加强顶层规划设计,完善"慧农"发展机制

推进"智慧农业"是一项长期的工程,要科学谋划,分步推进,切忌好高骛远。"智慧农业"的发展离不开国家的支持和促进,政府部门应基于大数据分析强化对"智慧农业"发展的宏观指导,统一规划,深化农业产业供需结构,避免市场失灵,制定出符合我国国情的"智慧农业"发展模式,不断完善"慧农"发展机制。

"智慧农业"发展要求农业生产的规模化和集约化,因此,必须在坚持家庭承包经营的基础上,建立和完善对农业的支持保护体系和补偿机制,减少土地落荒现象,积极推进土地经营权流转,加快农村土地流转机制,因地制宜发展多种形式规模经营。可采用"连片耕种"方式,提高农业产业化水平,实现农业规模化经营。为此,国家需要加大农业科研经费投入和加大科技攻关力度,尽快进行农业科技创新机制改革,不断提高我国"智慧农业"的研发能力和应用水平,引领我国农业向现代化、智慧化发展。具体而言,国家应在全国层面设立"智慧农业"发展专项资金,纳入财政资金预算,发挥专项资金的引导和放大效应;各省市应从实际出发,争取资金支持,用于基础设施建设、系统升级、技术开发、信息服务等方面,为"智慧农业"发展提供强大的资金支持。建立省、市、县各级农业物联网综合应用服务平台,切实抓好农业信息方面的服务,加强信息流通与共享机制,为实现"智慧农业"的发展提供便利。"智慧农业"发展必然经历一个培育、发展和成熟的过程,因此,当前要科学谋划,制定出符合中国国情的"智慧农业"发展规划及地方配套推进办法,为"智慧农业"发展描绘总体发展框架,

制定目标和路线图,将农业生产单位、物联网和系统集成企业、运营商和科研院所相关人才、知识科技等优势资源互通,形成高流动性的资源池,形成区域"智慧农业"乃至全国"智慧农业"发展的"一盘棋"局面。

(一)加快农村土地流转机制

家庭承包经营不仅适应以手工劳动为主的传统农业,也能适应采用先进科学技术和生产手段的现代农业,具有广泛的适应性和旺盛的生命力。只有切实保障农户的土地承包权、生产自主权和经营收益权,使之成为独立的市场主体,才能引导农民珍惜土地,增加投入,培肥地力,逐步提高产出率;才能解除农民的后顾之忧,保持农村稳定。因此,推动土地流转是问题的关键所在。土地流转和多种形式规模经营,是发展现代农业的必由之路,也是农村改革的基本方向。发展"智慧农业",就是运用信息手段使农业发展具有规模化、产业化、效益化,在此发展过程中,土地流转和规模经营是"智慧农业"发展的重要保障。

1.赋予农民土地承包权有效的法律保障

土地作为一种不能再生的、稀缺的自然资源,是农民最根本的生存保障。要积极探索土地承包关系保持稳定并长久不变的具体实现形式和有效途径,引导土地承包经营权规范流转,切实充分保障农民切身利益及经济利益。我国已经进入工业反哺农业、城市支持农村的新阶段,应在国家惠农政策指导下,淡化土地所有权,强调土地使用权,以法律的形式确定农村土地所有权与使用权的永久分离。要通过加强立法,加快修订完善土地相关法律法规和规章,进一步明晰农村土地产权主体、强化承包经营权的物权性质、规范复杂多样的土地经济关系。在执法上要加大力度,发挥司法权对行政权的制约作用。要加大法律法规的宣传力度,提高基层政府和干部的法制意识,提高农民的法律意识,鼓励农民运用法制武器保护自身土地权利。

2.加快推进农民土地承包权的确权、登记、颁证工作

推动农村集体资产确权到户,通过对农村耕地、林地、牧地等资源性资产颁发相应承包权证书,实现物权保护。明确集体经济组织成员身份,以保护集体经济组织成员的财产权利不受侵犯。明确设置集体股和个体股,合理划分股份。做好股权管理,明晰产权归属,确保权责明确,进而有效维护农村集体经济组织成员的物质利益和民主权利,尽量实现"量化到人、确权到户、户内共享"的集体经济组织发展形式,壮大集体经济组织的同时促进个体经济的发展。

3.积极探索土地流转新形式

土地经营制度不可变革过快,应坚持稳定土地家庭承包制度,在此基础上探索土地经营新模式。农业经营的方式,可以是家庭式的,可以是集体式的,也可以是股份制式的,这要根据具体的情况而定。另外,我国疆土辽阔,土地资源分布区域差异性明显,农地类型多样,各农地经营的外部环境也极不相同,比如我国东、中、西部地区不仅土地资源条件存在差异,各地区的经济社会发展水平也有着极大的差别。这就决定了我国农地经营制度必须多样化,因地制宜,适应各地区发展需求,实现农地经营制度共性与个性的结合。因此,要培育健全的中介组织,在土地供求信息、规则政策和办理流转手续等方面提供重要作用,为土地流转

提供市场服务,进一步实现土地资源的优化配置。

4.强化土地流转相关机制

首先,建立科学的土地价格形成机制。科学合理的农地价格的形成是进入农地市场运行的前提条件,只有进入市场,才能通过优胜劣汰的市场竞争机制,实现农村土地资源间的优化配置。其次,建立市场化的土地流转机制。土地承包制造成土地使用分散化严重,难以实现规模经营,当前土地流转机制的缺乏也妨碍了土地规模经营,降低了农地使用效率,因此要在坚持土地公有的基础上,使土地经营使用权商品化,促进农村土地流转市场发育,建立市场化的土地经营使用权流转机制,实现土地转让的公平性和竞争性。再次,健全和完善"农民自主、政府协调、社会服务"的土地流转机制。建议建立有效的监督制约机制,因为农村土地流转一旦缺乏有效的制度组织管理约束,极易出现乱收费、乱摊派等问题,因此,必须建立健全农村土地流转各项制度,保障农民土地利益不受侵犯,加强农村基层民主制度建设,建立健全村民自治制度,积极创造有利途径使农民参与集体公共事务管理。

5.培育新型经营主体,创新农业经营体系

为了激发我国农业生产活力,发挥农业土地经营制度潜力,必须培育新型经营主体,构建集约化、专业化、组织化、社会化相结合的新型农业经营体系。这对于积极推进我国新农村的建设,加快乡村振兴具有重要的指导作用。因此,要鼓励发展家庭农场经营,加强农民科技职业教育,培育新型职业农民。按照当地实际情况,培育一些种养殖大户,在此基础上适度发展规模化经营的家庭农场,以此加强自主经营的市场竞争力和专业化,紧跟时代步伐,实现农业经济的发展。由于我国农村土地细碎化现象比较严重,农户多年来都是分散式自主经营,严重影响了我国农业规模化、产业化的发展。因此,需要将分散的农户组织起来,按照当地主要经营农作物的特点,成立专业合作社,指导兴办生产、加工、销售等不同类型的合作组织,提高农民的组织化程度,促进生产设施完善,提供市场信息、科学技术等服务,形成产销对接的经营服务链条。要办好农业合作社,还必须严格建立相关制度规章,规范整个运作流程,尽量满足社员要求,得到社会认可,促进整个农产品生产、销售、服务的标准化、一体化。

(二)完善农村产业化经营机制

在国际上,农业产业化通常是指从农资(如种子、肥料和农机等)供应,到农产品、食品加工和食品供应等一系列农业生产者、食品加工企业和专业协会(社会团体)所组成的一个农产品产业链。在我国,农业产业化是指在农业家庭经营的基础上,通过组织引导一家一户的分散经营,围绕主导产业和产品,实行区域化布局、专业化生产、一体化经营、社会化服务、企业化管理,组建市场牵龙头、龙头带基地、基地连农户,种养加、产供销、内外贸、农工商一体化的生产经营体系。农业产业化一经提出,就受到了各级政府、理论界和中央领导的高度重视。农业产业化是我国继农村家庭联产承包责任制、乡镇企业大发展之后的又一次大规模的改革,是推动传统农业向现代农业过渡的必然选择,是我国农业和农村经济发展的有效形式,也是发展"智慧农业"、实现乡村振兴的必经之路。

农业产业化经营就是从经营方式上把农业产前、产中、产后等环节有机结合起来,实现

加工、包装、销售等一体化经营。因此,要把一些"小户""散户"资源整合起来,面向"大市场",推动农业和其他产业的结合,形成产业链,焕发农业的生机。不断完善农业经营体制机制,构建新型农业经营体系,对于推进农业现代化建设和实现乡村振兴具有重要的作用。农村产业化经营要结合农村实际情况,鼓励多方力量参与,如农村专业合作社、农产品行业协会、龙头农村企业协会等。农村专业合作社是实现农业产业化经营的中坚力量,具有一定的引导作用,应鼓励其发展,从而推进一二三产业融合发展,促进产加销一体化经营,带动区域农业产业链发展。此外,鼓励农产品行业协会、龙头农村企业协会同地方政府合作,协力推进农业产业化经营,充分发挥它们的推动作用;加强农业产、供、销平台建设,不断推动农产品品牌构建,提升农业产业化经营发展能力、竞争能力以及创新能力。

(三)健全农村信息流通与共享机制

发展"智慧农业"的关键环节是运用信息技术手段,促进信息的使用、传播、共享,推动农业的不断发展。农业农村信息化工作是农业经济发展的关键保障,随着农业和农村信息化基础设施建设的加快,以及农业信息技术的不断发展,涉农信息资源的整合和共享问题也会得到有效解决。电子政务和电子商务工作的深入开展,使农民能够方便地获得有效的生产和生活信息,农村信息化"第一公里"问题得到缓解。健全农村信息流通和共享机制,有利于促进农村信息化发展,缩小数字鸿沟,实现经济结构的战略性调整和促进社会全面进步;有利于提高产品竞争力,促进农业增效、农民增收;有利于推进农村教育事业的发展,全面提升国民素质。

1.强化政府的主导功能

政府在农村信息基础设施建设和完善信息化工作过程中起着重要的助推作用,能够统一规划、统一布局,从国家层面推动农村信息化平台建设,积极与涉农部门沟通和协调,促进资源共享,推动各级部门从农村实际出发,从信息实际应用出发,有针对性地为农民提供有用的、标准的信息。

2.整合信息资源,实现优势互补

农村科技信息共享与服务平台建设重点是抓好农村信息中心的数据库建设,做好五大信息平台(供求信息自动对接平台、农村科技网上培训平台、农村劳动力资源与就业平台、咨询服务专家系统平台和通信工具信息传递服务平台)建设。服务项目从农业向农村延伸、从农业生产向生活延伸,服务内容从目前的技术、咨询、市场价格和供求信息服务为主扩大到农村政策法规、农副产品加工贮藏、劳务输出、农村工业发展、农产品标准、医疗卫生、农村教育、环境保护、建设规划等全方位涉农领域服务。建立统筹协调、部门互动、区域联动、部门及社会各方面共同参与的信息采集、交换、共享、发布和管理沟通机制,充分利用各部门现有的网站有关栏目,提供有价值的信息资料,实现双方的互动交流和信息资源共享、优势互补。

3.加强信息应用培训平台

信息应用培训关系到信息化工作能否顺利实施,在此过程中,要提高基层干部和农技人员信息服务和指导能力,提高经济主体利用信息化手段发展经济的能力,如此才能推动农村信息化建设。按照分级负责、分级管理原则,采取集中培训、远程教育等方式,全面开展农村

信息应用培训,例如,实施农民素质工程、加强农村党员远程教育培训等。培训的重点对象是乡村农业技术人员、农村种养和营销专业大户、农民专业合作社和农业龙头企业的相关人员等。培训的目标是让他们学会使用电脑和网络,能够熟练操作应用,能够掌握信息采集和发布等基本技能,达到会收集、会分析、会传播信息的基本要求。

二、优化农业可持续发展环境,推动农业服务业发展

"智慧农业"的发展,坚持以生态为基础,不但要充分尊重原有的自然生态环境,同时也要避免农村生产活动对生态环境造成不可逆的影响。生态环境对农业生产和人们生活有重要影响,良好的生态环境是农业生产和实现乡村振兴、提高人民幸福感的重要保证。农业的可持续发展就是要在生态环境可承受最大程度的条件下满足人们的生活需求并提高人们生活的幸福感。

(一)不断优化农业可持续发展环境

农业可持续发展的生态环境是"智慧农业"发展的重要物质条件,良好的农业生态环境有利于提高"智慧农业"的产出效益。利用现代信息技术,基于云计算、大数据分析,建立完善的农业环境信息监测系统,能准确获悉农业生产环境的有关信息,对农作物生长、施肥、灌溉、土地资源的利用状况、质量安全追溯等方面做到有效预警和精细化控制,不断优化农业可持续发展环境,实现人与自然和谐共生的现代化。"智慧农业"利用多样传感器集存储、分析、联动与远程监控于一体,且通过智能数据处理,使各种数据掌控在手中,可以基本实现零失误。借助"智慧农业"的全过程监测技术,可以实时监测施肥、施药全过程,同时实现数据的采集与传送,遇到问题时,农民可以随时与在线专家取得联系,及时解决问题。应充分发挥"智慧农业"在提升农产品的质量、降低繁琐的种植程序以及实时监控农作物的施肥、除虫全过程的优势。"智慧农业"可以通过环境监测对空气中的温度、湿度、土壤温度、营养值达到精准的监控。对农作物的通风、遮阴、加施肥、喷药,通过数据控制,保证在安全数据以内,随时随地进行智能诊疗专家指导,这样生产出来的商品,消费者可以通过检标溯源进行查询,以保证农产品的绿色与安全。利用电子标签技术,在农产品流通环节对农产品包装进行信息识别、自动追踪、数据传输,实现种植、采摘、加工、包装、存储、运输、终端消费等各个环节的透明化。在优化农业生产效率的同时,实现农业的平稳发展。

互联网技术应用于土壤成分分析、水资源品质提升、自然灾害预测等方面,应该借助传感技术,收集、比对、分析不同类型的农业生产经营方式的各类数据,建设废弃物、排放物循环使用闭路系统。在某些山区发展耕作业是很难达到百分之百利用土地的,因为地形的不便利,导致了很多可用的土地资源被浪费,而智能的耕作制度节能技术,是为实现农业生产过程中用地和养地相结合,保证农作物全面持续稳定增产及保持农业生态平衡而建立起来的一种技术体系。它涉及的技术很多,包括免耕覆盖节能技术、现代轮作节能技术、现代间套复种节能技术、立体种养、设施农作节能技术等,这些技术的广泛运用,为建设节能循环型农业提供了有力保障。

（二）推动农村服务业的发展

将"智慧农业"与美丽乡村建设结合起来，积极践行生态文明理念。运用当代先进的科学技术，使人类与自然协调、和谐发展；运用生态学理论将农业发展成为无废弃物、无污染物、高效能量多层次利用可持续的创新、绿色、安全的新型农业，是农业发展的大势所趋。要充分利用自然生态环境、人文景观、地方特色产业等农业天然禀赋优势，积极奉行乡村振兴战略，开发农村旅游业，建设美丽乡村，发展休闲农业、都市农业，减少对农业环境的污染，实现农业副业向农业服务业的转型升级，推进农村服务业的发展和农村环境的改善。

1. 生态旅游农业

农业、农村是乡村旅游的基础，必须注重农业多功能性的发挥。为了更好地促进生态旅游农业的发展，就要将生态农业与生态旅游充分结合，依靠先进的信息技术，发展以农业和农村为载体的新型生态旅游业，促进农业的可持续发展。利用当地有利的自然资源、农业禀赋、人文特色来开发和设计乡村旅游产品，吸引游客，有利于增加农民收入，促进农村发展。在开发产品过程中需要注重消费者的个性化需求，注重游客的体验感，有的消费者是为了体验农家生活，有的是为了欣赏田园风光，有的是为了躲避城市喧嚣、放松身心，有的是为了休养身体，享受乡村清新空气等，需求不同，对旅游的目的性就不同。生态旅游农业应尽可能要做到创新，推出更能符合消费者需求的旅游项目和旅游产品，一些带有休闲功能的传统项目，如采摘、垂钓、体验耕种、嬉戏等活动要与时俱进、推陈出新。在开发旅游项目的同时要融入文化和艺术气息，提高旅游精神高度，不断寻找适合自身发展的经营模式，通过推进人文性和自然性的结合，打造出多样化、复合型的旅游产品，推进乡村旅游业差异化、深层化的发展，如乡村度假游、风情游、体验游、观光游等。

加强改革创新，建立生态旅游农业胜地，引领健康时尚生活，通过农业现代化技术的实施，展示现代技术带来的农业生产方式的变革，让消费者体验高效节水、循环生产、有机农业的强大生命力。此外，在产品开发过程中，还需要加大区域合作，实现产品交流，树立品牌意识，避免市场同质化竞争。发展生态旅游农业，需要加强旅游规划和监管，为创设良好的农业旅游环境提供保护。坚持长短结合，注重旅游与生态环境的协调，有计划地开发农业生态旅游项目，注意合理开发自然资源。规划、环保等部门要加强监管，避免景区和游客出现破坏生态环境的行为。可通过悬挂标语、导游讲解、播放宣传片等途径，在旅游中大力宣传生态环境对人类的重要作用，推行生态文明和绿色生产方式，提高游客保护生态环境的自觉性和必要性。

2. 特色农业

在乡村振兴战略下，鼓励地方发展优势特色农业。发展特色农业要防止过度开发，同时兼顾生态环境保护，在保护中谋开发，在开发中促保护，促进特色农业可持续发展。在信息技术的影响下，科技要素在农业中的广泛应用不仅可以激活传统特色产业，也可以继续改造一些特色产业。特色农业就是将区域内独特的农业资源、区域内特有的名优产品，转化为特色商品的现代农业。特色农业的关键在于"特"，这种"特"应以保护环境和资源为底线。①农产品特色。强化农业新品种、新产品、新技术的开发，不断优化农产品品质，为产业化经营、提高综合产出效益奠定基础。要加强品种选育和新品种培育引进,为生产环节搞好供应。②农产品品牌化。要充分认识品牌的价值,打造地方特色农产品品牌。依托当地的能人、名人或龙头企业,寻找当地农业发展优势,进行差异化定位,凸显自己的特色,与其他地区形成差别,建立核心品牌。推动农产品的深加工,塑造农产品特色形象,铸造其品牌,提高我国农产品的附加值。③特色营销。制定合适的营销模式,针对城市中忙碌、追求自然的人群,从他们的需求出发,发展特色产业,不仅要考虑区域的资源环境承载力,更要考虑特色产业的产品去向,考虑消费群体的购买意愿和购买能力。推出具有吸引力的特色乡村旅游项目,在拉动当地经济发展的同时,提高旅游产业的知名度,实现长期稳定发展。

国家正在制定一系列政策致力于完善公共交通、卫生服务和乡村建设基础设施等。通过促进农村金融体系发展,加大对特色农业开发的投资力度,改善农村整体环境,帮助农村经营者健康有序发展;通过加大投资力度,还可以为特色农业产品"走出去,请进来"开辟新的渠道。例如,以特色农业带动农业旅游、乡村旅游等相关产业的发展,进而增加特色农产品的生产与销售,增加农产品的附加值等。

3. 文化创意农业

发展农业、乡村旅游,是深化农业服务业产业链价值的重要体现,要想更好地实现乡村旅游的快速发展,就必须加强对乡村文化的研究,将农业旅游与文化深度融合,形成自身品牌旅游特色。农业自身的文化特质与旅游产业交汇,是产业融合发展的主要方向,基于农业的发展现状,立足区域农业资源优势,整合自然资源、文化创意和技术手段,形成具有特色的农业文化景观,发展文化创意农业,将改变传统的农业旅游模式,带来新的农村经济增长点。

三、加快农业与现代信息技术融合,推进农业智能化发展

"智慧农业"是借助于计算机技术、互联网、大数据分析等,提高农业生产效益,实现农业现代化发展的重要方式。因此,在新时代背景下,应积极倡导农业发展互联网思维,推动互联网技术在农业发展中的广泛应用,实现对传统农业的升级改造,推进农业智能化发展。

(一)农业物联网技术

农业物联网技术是发展"智慧农业"的关键技术,物联网技术可为农业生产调控提供科学依据,例如,提供农作物生长的环境状况数据、农业生产过程的智能化控制、农业操作远程服务等。农业物联网技术有利于改善农产品品质、增加产量、提高经济效益,从而促使"智慧农业"往更高效、更优质、更生态的方向发展。实施农业物联网技术,可采用"以点带面"的形式,先建设一批农业物联网示范基地,通过农业物联网示范工程的引领作用,逐步将农业物联网技术应用到全国农业中,发展"智慧农业"。

物联网本身是一个框架,主要包括传感器技术、标识技术、网络和通信技术、数据分析和处理技术等。物联网技术是新一代信息技术的重要组成部分,是世界高速发展的重要推动力,也是实现各种智慧应用的基础技术之一。物联网与农业的有机结合是实现"智慧农业"的开端,物联网的发展为"智慧农业"的发展奠定了基础。物联网通过传感器设备对农作物进行感知和测量,并转化成数据,人们通过物联网可以快速、方便、准确地了解到农业生产的

实时状况。目前,物联网技术在农业中的应用主要体现为农业生产中的环境监测和信息追溯。农作物的生长对于环境要求较高,温度过低或过高都会对农作物的正常生长带来影响,利用物联网技术精准测量环境温度,将温度控制在合适的范围,有利于提高农作物生产效益。水产品的生长环境(如水中的温度、溶氧量等)都可以利用物联网技术进行实时有效的监测,避免造成水产品的损失。另外,物联网技术可用于农产品质量的追溯应用,实现从田间、养殖场到居民餐桌各个环节的监测,确保食品安全。

(二)农业机械化

随着农业和农村经济的不断发展,农业机械化的地位日益显著,农业机械在农业生产、农村经济、农民收入中发挥了越来越重要的作用。大型农业机械能对坡耕地实施大规模的综合治理,退耕还林还草,开展农业水土保持工程;大量的农机工具在抢收抢种、打药治虫、抗旱防涝、大搞农田水利基本建设等方面发挥着重要作用,提高了农业抗御自然灾害的能力,极大地减少了灾害造成的损失。农业机械化能显著地减轻劳动强度,提高劳动生产率,使大量的农村劳动力从传统农业转向二三产业并向小城镇建设转移,有力地促进了农村经济的全面发展,为农民增收带来更多的机会,促进农业的持续稳定发展。农业机械水平的高低是衡量"智慧农业"效率高低的重要因素,因此,应大力提升农业装备以及关键核心技术工具在农业中的应用,加快发展大型化、自动化、智能化等高端农业设备,提高农机装备信息整合、精准作业等能力,突破主要农业经济作物全程机械化"瓶颈"。国家要加大对高端农机设备的政策补贴和扶持力度,大力推广科学技术在农业生产中的运用,推进农业生产的智能化发展,不断提高农业作业效率。

农业机械化是我国实现特色农业现代化的必经之路,对于大量的农业机械设备,怎样进行有效的使用和管理,如何更好解决农业发展中存在的问题以及提高生产效益,需要从以下几个方面出发:第一,因地制宜制定发展农业机械化的策略。我国地大物博,各个地区之间自然资源、经济发展状况都有所不同,存在着较大差异,要想同步发展农业机械化是有一定难度的。所以,在农业机械化发展的过程中要因地制宜、讲求实际,采用不同的方法来发展机械化。从发展步骤来说,应该根据不同地区的自然环境、劳耕方式和经济状况,采取相应的技术支持和政策扶植,推进不同地区农业机械化发展,鼓励有条件的地方率先实现农业机械化。第二,有选择、有侧重地发展农业机械化。农业机械化发展的重点首先是加快实现主要生产环节、主要粮食生产区以及经济作物的机械化。农业机械化的科技发展范围比较广,为了能够率先解决问题,就要有选择性地突破,然后再全面发展。而全面发展,就要在重点问题基本解决以后,联合多方面的力量,加大科技攻关力度,带动农业机械化全面协调发展。第三,鼓励农业机械化技术的创新,完善配套服务体系建设。农业机械化的发展本质是机械技术在农业发展中的应用,带动农业经济的改造升级,使得新型农业机械能够更好地促进农业生产与发展。除了生产技术的创新之外,还要建立相关政策措施和服务机制,完善农业机械社会化服务机制,提高农业机械利用效率和效益。加强农机社会化服务体系建设,培育和发展农机市场,推进农机服务的市场化、社会化、产业化进程,重点是推行合同制、股份合作制和承包经营制等,鼓励发展农机行业协会等专业性的农机服务组织和专业户、农机合作社、机具租赁公司和中介组织。第四,需要农机信息化工作的支持。农业机械化信息工作是农机管理工作的重要组成部分,是反映农业机械化水平的重要手段。因此,需要加强农机信息化基础设施建设,完善农业机械化信息系统,如此才能进一步增强对农业机械装备的管理和有效使用,不断推进农机机械化和农业现代化服务。

(三)农村信息基础设施建设

"智慧农业"发展需要逐步有序地完善农村信息基础设施的建设,加快信息基础设施在农村的普及,缩小城乡互联网普及率的差距,重点解决宽带入村、网络覆盖、信息通畅等问题,研发和推广一些适合农民操作和使用的信息终端设备,降低信息资费标准,为推进"智慧农业"发展提供坚实的信息基础设施。农业信息化的发展是不均衡的,需要根据全国农业信息分布和农业信息部门发展情况,合理规划农业信息化发展的近期、中期、长期目标;建成一批具有相当规模的、适宜实用的、能定期更新的农业信息化基础数据库,发挥战略数据库的作用。通过大力建设农业信息数据库,最大限度地发挥农业信息资源的优势。要以农村实际需求为核心,整合和集结多种信息技术和信息资源,形成复合的、系统的农业信息服务体系,提供智能型、服务型、高效型的信息服务,使现代农业转移到提高资源利用率和可持续发展能力的方向上来。

1.大力加强农村信息化基础设施建设

依据不同地区的不同情况,紧密结合农村的实际,因地制宜,分类指导,分步骤进行农村信息化基础设施建设,充分利用多种媒体手段,使信息服务更加实用有效。

2.加快农村信息资源的整合与共享

农村信息化建设的重要内容是农村信息化资源的整合和共享,通过资源的优化配置和合理分配,有效地提升农村信息化建设服务。要围绕农业生产产业链和农民生活需求,重点开发和整合市场、科技、农资、气象、水产、生态环境、质量安全等信息资源,注重开发和利用特色农村信息资源,强化面向农业产前、产中、产后各阶段的信息服务功能。农业数据库建设是农业信息化建设的重点,农业信息数据库主要包括农业自然资源、农业生产管理信息、农产品市场信息、农业实用技术信息以及农业相关政策法规信息等数据库的开发。要从资源整合、协调发展的角度出发,建立信息资源共享中心,实现对数据信息的实时分析和统计应用。在不断扩大现有数据资源的基础上,把农业信息触角扩展到农业的各个领域,收集各方面的信息,不断充实现有数据库的内容,建立起大型综合数据库,通过信息技术传递给千家万户,实现农业信息资源的共建共享。

第六章

农村电商可持续发展建设

第一节　基于产业特色的农产品电子商务平台建设

一、农产品电子商务平台系统需求

（一）地方特色农产品的推广需求

特色农产品指在特定地理区域和环境条件下形成的,具有很强的区域色彩,且是其他不具有此种特殊自然环境的区域所不能模仿和生产的农产品。特色农产品一般具有两个基本特征,即生产的地域性和品质的优良性,两者缺一不可。特色农产品一般对环境条件有着特殊的要求,这些环境条件很难通过人工的方式模拟,一般只能在自然条件下产生,而这些自然条件一般只有在特殊的地域才具备,因此呈现出明显的地域性。其实,某个地域内的农产品种类非常多,但能够成为特色农产品的只是少数,这是因为特色农产品还需要具备优良的品质,只有品质优良才能获得大众的喜爱,才能带来较高的、持续的经济效益,所以优良的品质也是不可或缺的一个基本特征。

随着人们生活水平的不断提高,越来越多的人对特色农产品产生了浓厚的兴趣,特色农产品的需求也因此与日俱增。但在选择特色农产品时,很多人受品牌效应的影响,总是会倾向于选择那些品牌效应较强的产品,这在很大程度上影响了一些没有形成品牌的特色农产品的销量,从而影响了农民收入的提高。造成某些地区农产品品牌效应不足的原因有很多,如散户较多,他们大多缺乏足够的经济实力去推广品牌,导致这些农产品的销售市场更多时候只能局限于本地区;又如缺乏优质的物流体系保障,冷链物流对于需要保鲜的农产品来说至关重要,如果缺乏包装、预冷、冷藏运输等一条龙的物流冷链服务,就会导致本地区的农产品不能长距离运输,从而限制了产品品牌传播的范围。所以,农产品电子商务平台系统建设的首要需求就是特色农产品的推广需求。具体来说,就是使更多地区、更多的特色农产品得以推广出去,使更多的人了解这些特色农产品,从而在品牌效应的影响下不断提高特色农产品的销量,促进农民收入的进一步提高。

（二）业务功能需求

农产品电子商务平台是一个第三方的服务平台,用户对其业务功能的需求主要体现在安全性、易用性、交互性、稳定性几个方面。

1.安全性

电子商务的出现改变了传统的营销模式,其具有的广阔发展前景是显而易见的。但是,从电子商务产生到现在,安全问题一直是人们高度关注的一个重要话题,如果不解决安全问题,电子商务的发展必然会受到限制。电子商务平台是高度开放的,从某种层面来看,这种开放性与大众要求的保密性和安全性是相互矛盾的,但这种矛盾是客观存在的,所以只有解决了电子商务的安全问题,才能将这种矛盾降到最低,提高人们对电子商务的信任度。人们之所以对电子商务的安全性表示担忧,一个重要的原因是电子商务涉及交易双方的财产安全,如果交易双方的财产信息被泄露或攻击,则可能造成严重的财产损失。因此,在建设农产品电子商务平台系统的时候,安全性是首先要考虑的功能性需求。目前,在农产品电子商务平台系统中应用的安全技术有加密技术、安全认证技术、网络安全协议等。就各大电商平台近些年发展的情况来看,这些安全技术基本满足了人们对于安全性的要求,这也是电子商务能够获得持续发展的一个重要因素。

2. 易用性

如果农产品电子商务平台的操作界面过于复杂,将会导致很多人由于不会操作而放弃对电子商务的尝试。因此,为了满足不同知识水平用户的需求,在建设农产品电子商务平台系统的时候一定要将易用性考虑在内,保证各个知识水平阶段的用户都能够便捷地进行操作。

3. 交互性

电子商务平台的性质是平台,其功能与市场类似,为商户和消费者提供了一个可以进行交流的平台,商户和消费者在这一平台上进行交流,然后就交流的情况决定是否进行后续的交易。基于电子商务平台的交流方式虽然与传统市场中的交流方式不同,但围绕的核心内容是一样的,即商户尽可能提供有利于自己的商品信息,而消费者则需要尽可能多地了解自己想要了解的商品信息,商户提供的商品信息与消费者想要了解的商品信息的一致性越高,成交的概率就越大。入驻电子商务平台的商户需要对产品进行包装,然后将产品最可能吸引消费者的一面展现给消费者,这是商家与消费者的第一步互动,也是至关重要的一步,因为如果不能吸引消费者,便不可能有后续的交易,所以平台首先要满足商家多样化展示商品的需求,这是平台交互性的一个基本体现。此外,平台还要为商家和消费者提供对话交互功能,让消费者和商家能够就商品的信息做进一步的交流,出于消费者咨询远远大于商家人力这一情况的考虑,平台还可以增加人机交互界面,对于一些普遍性的问题可以采用人机互动的方式完成回答,从而节省商家的人力资源。总之,农产品电子商务平台发挥着农贸市场的作用,只有满足了商户和消费者交互的需求,才能促进交易的完成。

4. 稳定性

互联网时代,平台系统的稳定运行非常关键,原因是系统一旦出现故障,轻则暂时瘫痪,重则被有心之人侵入,从而造成财产上不可挽回的重大损失。农产品电子商务平台系统同样如此。如今,随着电子商务的快速发展,网上购物的人越来越多,平台系统需要承载非常大的流量,尤其在活动期间,平台流量有时会瞬间增加,如果平台系统的稳定性较差,面对过大的流量时,极有可能出现故障,从而给交易双方带来财产和时间上的损失。因此,稳定性也是农产品电子商务平台系统建设中需要考虑的一个功能性需求。当然,即便是再稳定的系统,也不排除出现故障的可能,所以还需要考虑系统的容错性,这是对系统稳定性的一个重要补充,即当系统出现故障时,系统可以依靠自身的能力继续正确地执行其程序和交易功能,从而最大限度地降低系统故障带来的危害。

二、农产品电子商务平台系统设计

(一)系统技术架构设计

1. 系统软件架构设计

农产品电子商务平台系统的软件架构设计包含基础应用层和应用系统层两方面。其中,基础应用层包含三个子层,即数据库子层(内容包含公共数据、子系统数据)、支撑软件子层(内容包括操作系统、数据库管理系统、应用开发平台)、基础硬件子层(内容包括防火墙、数据库服务器、应用服务器);应用系统层下没有子层,其内容主要包括在线商城模块、系统管理模块和农产品知识服务系统模块。

2. 系统硬件架构设计

农产品电子商务平台硬件架构的设计目的在于构建一个较为规范的、安全的网络基础设施平台,其所必需的各项基本设备设施具体包括服务器、交换机、路由器、防火墙、VPN设备、UPS等。

3. 系统网络架构设计

系统的网络架构中包含应用服务器、管理终端、数据库服务器、Web服务器、防火墙以及电子钱包支付服务器。管理终端主要对业务进行管理,管理员通过管理终端连接到应用服务器对相关业务进行操作;数据库服务器、应用服务器和Web服务器是整个系统的核心部分,存储了本系统的业务数据、业务流程,通过系统服务器提供对外服务;电子钱包支付服务器为客户在线支付提供服务,电子钱包服务器可以是银行服务器;防火墙的作用主要是防止一些非法数据或程序对服务器进行攻击,对整个系统的业务进行保护。会员用户通过互联网的连接进入服务器,获取系统提供的业务数据,得到整个系统提供的服务。

(二)系统功能设计

1. 在线商城模块

在线商城模块包含三个子模块,即订单管理子模块、在线支付子模块和物流跟踪子模块。这三个子模块在不同的方面发挥着不同的作用。

(1)订单管理子模块

订单管理子模块是完成交易的基础,因为只有生成了订单,才能有后续的支付、物流,所以在线商城模块中必须有订单子模块。通过订单子模块中的管理系统,消费者可以在选择自己喜欢的物品后完成线上下单交易,商家可以看到订单信息,并根据订单的支付情况为消费者提供相应的产品服务。订单生成后,订单的状态是变化的,主要有未付款、已付款、未发货、已发货、交易完成、退/换货、退款、订单取消等几种状态。而在订单状态不断变化的过程中,系统管理员时刻处于一种监督和维护的状态,以保障订单的顺利进行。通过分析订单管理子模块的运行方式和流程,我们可以将订单管理系统的功能归纳为四个方面,即购物车管理、生成订单管理、处理订单管理和退(换)货管理。

①购物车管理

消费者在注册会员之后可使用购物车功能,消费者可以将有意向购买的物品加入购物车,同时也可以对购物车中的商品进行修改或删除处理。同实际的购物车一样,购物车也有数量限制,当购物车的物品数量达到上限后,需要删除部分物品才能继续添加新的物品。

②生成订单管理

消费者确定要购买的商品后,完善商品信息,提交订单,订单提交后消费者对初步生成的订单进行确认,然后进行支付,生成完整的订单。

③处理订单管理

消费者付款后,生成完整的订单,商家对订单进行审核处理,如果订单审核失败,商家将信息反馈给消费者,然后做换货或退款处理;如果订单审核通过,商家将根据订单中包含的信息准备货物,并在约定的最短时间内发货,后续的发货流程将由平台自己的物流体系或与平台合作的物流公司来完成。从商家接到订单到处理订单发货,都有一个时间段,在这个时间段内,消费者有权取消订单并要求商家退还自己已支付的货款。

④退(换)货管理

由于电子商务具有隐蔽性的特征,虽然通过电子商务平台可以实现对产品的多样化展示,但毕竟不能亲身体验,所以在看到实际产品的时候会产生落差,落差越大,退(换)货的概率就越大。另外,验收货物后,发现货物存在质量问题也是退(换)货的一个重要原因。但无论因为什么,当消费者对收到的货物不满意时,便极有可能发生退(换)货的情况,所以订单管理系统也必须包含退(换)货管理。

(2)在线支付子模块

电子商务的交易是在线上完成,支付也自然是在线上完成。目前比较普遍的支付方式是第三方支付方式,即消费者确认购买商品后,将需要支付的费用支付给第三方,当消费者收到货物且确认无误点击"确认收货"后,第三方便将消费者支付的费用交付给商家,完成交易。第三方的介入不仅最大限度地保障了消费者的权益,还提高了支付的安全性。第三方支付方式的出现对于电子商务的发展具有非常重要的意义,因为面对电子商务这种新兴的贸易方式,很多消费者担心自己买到的商品与卖家描述的情况不符,如果提前付款给商家,而商家发出的货物存在质量问题,当消费者提出要换货或者退货的要求时,商家一旦拒绝,消费者便需要通过平台或者法律途径去维护自己的权益,这样会浪费消费者很多的时间,所以很多消费者会选择放弃维权。长此以往,商家会产生一种侥幸心理,用劣质产品攫取利益,而消费者在多次受骗之后会逐渐失去对平台的信任,最终平台将会迎来衰亡。而第三方支付方式的出现使交易的货款暂时存放在第三方手中,当消费者和商家产生争执时,第三方会客观进行评估,如果确认属于商家的问题,那么第三方有权将货款退还给消费者,这样既节省了消费者的时间,又维护了消费者的权益,同时又对商家形成了一种约束,为电子商务支付营造了良好的环境。因此,农产品电子商务平台在线支付系统的设计可以采取第三方支付的模式,在具体设计上可以借鉴一些比较成熟的案例。

（3）物流跟踪子模块

在消费者完成支付,商家核对无误并准备好商品后,便进入物流这一环节。为了商家与消费者都能够了解物流的情况,平台还需要构建物流跟踪子模块。物流公司在配送商品的过程中,随时根据商品物流的变化情况更新物流信息,与此同时,物流信息会同步到电子商务平台的该模块中,消费者和商家可以随时查询跟进。农产品电子商务平台在选择物流公司时,应该选择一些知名度、信誉度较高的物流公司,原因是农产品对物流的要求较高,完善的物流体系有助于农产品的保存,从而确保农产品快速且保质地配送到消费者手中。

2. 系统管理模块

系统管理模块的主要功能是系统管理,即由特定的管理人员对电子商务平台的系统进行日常的维护和监督,具体包括两个子模块,即会员管理子模块和农产品管理子模块。

（1）会员管理子模块

在电子商务平台进行注册的消费者以及商家统称为会员,会员管理子模块的主要功能便是对这些注册的会员进行管理。注册是成为平台会员的第一步,系统需要对会员注册的信息进行审核,审核通过后才能成为平台的会员。

完成注册的会员需要登录平台才能享受后续的服务,在会员登录时,系统需要判断会员登录的信息是否正确,只有信息正确才能登录成功并进入主页。进入主页后,会员可以进一步完善自己的信息,同时也可以更改自己的信息,如更改会员账户名称、修改收货地址、修改手机号码、修改登录和支付密码等,系统需要支持会员完成上述操作。

（2）农产品管理子模块

农产品管理模块就是对农产品进行管理的模块。产品连接着生产者和消费者,其重要性不言而喻,而且农产品种类丰富多样,如何有效地对其进行管理是系统管理模块设计中需要深入考虑的一个重要问题。农产品管理系统主要开放的权限是针对系统管理员和农产品销售者的。销售企业负责上传农产品基本资料并且及时更新最新的农产品销售信息,这些信息包括农产品促销信息、农产品特性的描述等;系统管理员则对企业上传和更新的农产品信息进行监督、管理、维护,审核企业上传的农产品信息,把握好农产品销售的最后一道环节。

在具体的设计中,要结合农产品的特点进行考量。一般来说,可以从以下两个方面做出尝试。

其一,系统的农产品管理主要针对农产品的基本信息进行立体展示,提供适合销售政策的销售方式。农产品信息的正确上传和更新能带来更好的销售效益,也更符合产品的市场价值,因此农产品信息应包括多个方面。商品详情主要包括商品名称、商品品牌、商品配料、商品产地、商品规格、保质期、生产许可证、产品标准号、卫生许可证等产品生产、加工信息。

其二,由于农产品信息量很大,用户在浏览时往往会花费大量时间,所以系统的农产品管理应该对商品的类型、标签和品牌及时进行更新和维护。其中,应对农产品进行分类,如坚果类、果仁类、零食类、礼盒类、功效类等,以满足不同用户人群的需求。农产品的标签设置可由系统管理员根据管理理念自行设置,如抢先出炉、热销抢购、特价专区三个标签栏。

3.农产品知识服务系统模块

该模块是针对特色农产品开发的特色系统模块,一般通过以下两种方式为有需要的人提供农产品知识服务。

(1)人机间的信息交流

人机间的信息交流有两种实现途径:一是系统管理员将与农产品有关的知识上传到网页上,注册的会员和企业可以浏览网页的形式查看相关内容;二是在该系统模块中建立农业知识库,然后结合人工智能技术,为想要进一步了解农产品相关知识的人员提供智能化的咨询服务。

(2)人与人之间的信息交流

人与人之间的信息交流主要依靠专业的服务人员为咨询者解答所咨询的问题,因为农业知识库所收录的数据难免有疏漏,而且人工咨询也存在一些缺陷,所以有时不能完整解答咨询者的问题,这时便需要专业的人员为他们做进一步的解答。

在上述两种形式的基础上,有一定经济基础的平台可以建立一个农业专家系统。该系统是普通智能咨询系统的升级,也是对人工咨询的补充,有助于该系统模块的进一步完善。具体的设计思路是建立相应的农业知识库、数据库,并结合推理判断程序,运用专家知识进行推理;平台运用人工智能知识工程的知识表示、推理、知识获取等技术,总结和汇集农业领域的知识和技术、农业专家长期积累的大量宝贵经验,以及通过试验获得的各种资料数据及数学模型等,建立农业专家系统。

三、农产品电子商务平台系统实现

(一)在线商城功能的实现

1.农产品主页

农产品电子商务平台根据农产品的类别对农产品进行系统的展示,类别可根据当地的农业产业特色进行归类。以中国惠农网为例,平台主页将农产品分为禽畜肉蛋、农资农机、水果、种子树苗、蔬菜、水产、苗木花草、粮油米面八大类;每一个类别下又有进一步的分类,如水产类又细分为食用鱼类、虾类、贝类、水产种苗、龟鳖类、软体类六类;而在每一个小类下又具体地指出了相关的产品,如贝类下有珍珠贝、七彩贝、北极贝、贵妃贝等。这样,消费者进入平台主页后,就可以清晰地看到农产品的分类,然后根据自己需要的农产品种类去寻找对应的商品。另外,在农产品主页还有搜索栏,用户可以直接搜索自己想要购买的产品的名称,这样便会直接跳转到包含该类农产品的标签页中。

2.农产品标签页

消费者选好需要购买的农产品后,便进入对应农产品的标签页。农产品的标签页一般包含农产品的价格、销量、品种等基本信息,作为消费者进一步了解该商品的基本依据。因为即便是同一个种类的商品,也会有十几、几十、甚至上百个相对应的农产品,消费者不可能一一点进去查看该农产品的具体情况,只能是在标签页粗略浏览的基础上决定是否要进一步详细了解该产品,所以标签页的设置是有必要的。

3.农产品详情页

在浏览农产品标签页的时候,有些农产品会引起消费者初步的兴趣,消费者想对该农产品做进一步的了解以决定是否购买,因此针对各个具体的商品还需要设计农产品展示的详情页。详情页不仅要包含农产品价格、销量、规格等基本信息,还要包含能够全方位展示农产品的图片或者视频,以及曾经购买过该产品的消费者对该产品的文字或图片评价。全方位的图片或者视频能够让消费者对该农产品有更清楚的认识。其他消费者的评价则可以让消费者了解到其他消费者对该农产品的使用感受。相比商家提供的内容而言,消费者认为其他消费者提供的评论内容更具有参考价值,原因是评价是广大消费者的感受,虽然不可避免地存在主观性,但毫无疑问也更加真实。

(二)用户操作的实现

1.用户的会员注册与登录

农产品电子商务平台要保持一定的开放性,即用户不注册也能够浏览商品,这样不仅能够展现出平台的人性化操作(即不强迫用户注册会员),还可以通过平台展示的商品吸引更多的人注册会员。当用户在浏览的过程中看到自己心仪的商品时,如果想要购买该产品,则需要注册为会员。注册会员的链接一般在农产品主页的左上方或右上方,当消费者点击"会员注册/登录"的链接时,会弹出一个注册的窗口,注册窗口一般包含"用户名""密码""确认密码""电子邮箱""验证码"等内容,填写完注册窗口中的内容后,点击"完成注册"便完成了该平台的会员注册。会员注册完成后,可进入"个人会员中心"的界面,对个人信息做进一步的完善,包括添加收货地址、添加收货的手机号等。账号和密码是会员登录本电子商务平台的"身份证",用户要牢牢记住,当下次需要在该平台购买农产品时,使用该账号和密码登录即可。

2.用户的购物操作

用户在本电子商务平台购物的基本流程为搜索农产品—浏览农产品—将需要购买的农产品添加到购物车—进入购物车提交订单—订单生成后再次确认订单—在线支付—完成订单。关于农产品的搜索和浏览在前文已有论述,所以在此从农产品添加购物车开始介绍。在农产品的详情页中会有"购物车"的链接,消费者只需要点击该链接便可以弹出购买信息,然后消费者根据自己的需要选择产品的数量和规格;如果消费者需要购买其他农产品时,可返回到农产品主页再次进行搜索;消费者将需要购买的农产品全部加入购物车之后,可通过"购物车"界面对农产品进行统一的结算,结算时需要先提交订单并确认订单上收货人的信息无误;订单产生后需要在线支付,支付方式可选择第三方支付,也可以选择银行支付。支付完成后卖家根据订单信息准备农产品并选择合作的物流发货,消费者可以在农产品的订单页面查看物流相关信息。

(三)系统管理的实现

1.商品的系统管理实现

系统管理员的第一功能就是农产品管理,农产品管理的功能菜单主要包括农产品管理、农产品分类管理、前台虚拟分类、规格管理、品牌管理、农产品批量处理。下面主要介绍具体几个农产品功能模块的功能。

(1)农产品管理

农产品管理主要包括农产品列表、农产品添加和农产品到货通知。农产品列表是农产品管理中最基本的,即按照农产品的名称与农产品的编号将农产品以类别的形式展示出来,方便消费者进行操作。对于农产品企业或者农户而言,农产品的种类并不是一成不变的,如果要将新增加的产品种类添加到农产品列表中,便需要由管理员进行操作,完成农产品的添加。有时受某种原因影响,某些农产品暂时缺货,消费者可以关注该农产品并设置到货提醒后,当该农产品补货上架时,消费者便会收到相应的通知。

(2)前台虚拟分类

前台虚拟分类包括虚拟分类列表、添加虚拟分类、导入农产品分类三种功能。虚拟分类列表展示虚拟分类的状态;添加虚拟分类主要是添加分类的名称等信息;而导入农产品分类功能主要是将添加的虚拟分类导入虚拟分类列表。

(3)农产品的批量处理

农产品的批量处理功能主要是为了方便对农产品进行更有效的管理,有时需要对多个农产品进行处理,如果一个一个地完成,则会花费大量的时间和精力,而通过批量处理功能便可以将农产品添加到一起后一次性完成处理,提高了农产品管理的效率。

2.订单功能的实现

订单功能的实现主要是通过订单管理、单据管理、快递单管理以及售后服务管理来实现的。

(1)订单管理

每一笔已经付款成功的订单都应该包含订单号、订单的来源、支付方式、订单付款的时间、订单支付的金额、付款人、收货人、发货方式等。根据订单状态的不同,管理的方式可分为订单未处理、待发货、已发货、已退货、已退款、已完成、已作废几种。

(2)单据管理

所管理的单据主要有收款单、备货单、发货单、退货单四种。对不同状态下的单据,可以进行删除、导出、筛选、处理等操作。

(3)快递单管理

系统管理员在管理快递单时,要选择好快递单的模板。系统管理员通过添加模板功能,可以方便快捷地建立快递单打印模板,方便发货。具体方法:点击"添加模板",添加模板后,点击"编辑",进入模板的编辑页面,然后对发货单进行编辑。在完成发货后,系统管理员就可以添加发货信息。点击"发货信息管理",进入管理界面,然后点击"添加发货信息",输入相应的发货信息。

（4）售后服务管理

农产品销售后不可避免会产生售后服务问题,售后服务管理模块的功能就是方便顾客针对农产品存在的问题进行咨询,甚至申请退换货处理。

3. 会员管理的实现

系统管理员能够对会员注册项进行管理,管理的范围包括注册项的增加和删除,系统管理员变动注册项后,用户注册时填写的注册窗口所包含的内容也会发生相应的变化。对于注册后的会员,系统管理员同样具有管理的权限,当需要添加或删除会员时,系统管理员通过会员管理界面进行相应的操作。另外,根据会员的等级不同,系统管理员相应地为不同等级的会员开放不同的权限。

第二节　"互联网＋农业"的创新模式

一、"互联网＋县域"成为农村经济发展新引擎

（一）"互联网＋县域"在促进乡村经济发展中的作用

县域以县级行政区划为地理空间范围,县域经济则是以县城为中心、乡镇为纽带、农村为腹地的区域经济。"互联网＋县域"的模式是以县域为着力点,充分发挥电子商务的作用,从而促进乡村经济的发展。谈及电子商务,很多人最先联想到的是网络购物,但网络购物其实只是电子商务的一个领域,真正意义上的电子商务涵盖的范围非常广泛,涉及各个领域、各个行业。电子商务在县域的渗透不断推动着乡村产业结构的调整,促进了工业、农业、服务业三大产业的转型升级,并促进了三大产业的融合。具体而言,以电子商务为发力点的"互联网＋县域"模式对乡村经济发展起到的作用可以从以下三个方面展开论述。

1. 促进了乡村产业的转型升级

电子商务的出现促进了乡村产业的转型升级,尤其对于乡村中占比较重的农业来说,促进了其发展方式的转变。传统的农业发展方式依赖于农业相关技术的革新与发展,从而促进产量与品质的提升,这是农业产业发展的基础,毋庸置疑。电子商务的出现使农业产业发展的方向更加多元。

此外,电子商务的出现还促进了乡村各产业的融合,这也是产业转型升级的一种表现。要支持各地立足资源优势打造各具特色的农业全产业链,建立健全农民分享产业链增值收益机制,形成有竞争力的产业集群,推动农村一二三产业融合发展。农村产业融合是指农村

一二三产业融合发展,通过产业联动、体制机制创新等方式,跨界优化资金、技术、管理等生产要素配置,延伸产业链条,完善利益机制,发展新型业态,打破农村一二三产业相互分割的状态,形成一二三产业融合、各类主体共生的产业生态。借助政策支持与电子商务发展的东风,很多县域基于自身的产业特色寻求产业的融合并取得了一定的成果。

2. 促进了乡村经济的增长

新常态下乡村经济的发展面临着新的问题,但也迎来了新的发展机遇,电子商务便是其中之一。事实证明,电子商务在促进乡村经济发展方面确实发挥了重要的作用。

3. 推动了乡村的创业就业

农村电商具有广阔的发展前景,对于具有创业想法的人来说,农村电商无疑是一个值得尝试的选择。同时,农村电商释放出的巨大的市场也能够带动就业机会。

对于乡村而言,农村电子商务带来的创业就业机会主要体现在四个方面:其一,作为农村电子商务中农产品、农产品加工品等商品的提供者,很多农民的就业问题自然可以得到解决。其二,对于一些有意向创业的青年人,农村电子商务提供了一个创业的平台,相对于其他行业来说,农村电子商务创业的前景更加广阔,并且成本投入也相对较低,所以能够吸引更多青年人尝试。其三,农村电商的广阔前景会吸引越来越多的企业入驻乡村,研发、设计、制造、售后等产业链上下游环节日趋完善,电商产业加工园区渐成规模,带领新实体经济发展的同时吸纳大批农村人口就业。其四,农村电子商务的规模化发展会产生经济的溢出效应,即农村电商发展的同时会带动交通、仓储物流、人才培训、餐饮娱乐等相关产业的进一步发展,从而产生更多的创业就业机会。

(二)"互联网+县域"促进乡村经济发展的对策

在互联网快速发展的背景下,互联网消费已经悄无声息地渗透到我们生活的方方面面,影响着我们每一个人的生活。县域电子商务在发展的过程中不可避免地存在着一些问题,这些问题有些是主观的,有些是客观的。基于这一认识,县域乡村电子商务的发展应该以农村特色资源为依托,以服务体系建设为基础,以资金保障体系建设为重点,以示范带动为突破口,以平台建设为支撑,以电子商务应用人才培养为保障,大力推进电子商务进农村,从而促进乡村经济的发展。

1. 创新发展理念,做好统筹规划

对"互联网+"思维的认识不足是政府、企业和个人对电子商务认识存在片面化的一个重要原因。所以要使"互联网+县域"在促进乡村经济发展方面发挥更大的作用,就需要加深政府、企业和个人对"互联网+"的认识,了解"互联网+县域"下电子商务对乡村经济发展的促进作用,科学、理性地看待电子商务影响下乡村产业的转型与升级,并在此基础上创新发展理念,开发创新的商业业态与模式,从而进一步促进乡村经济的发展。当然,"互联网+县域"促进乡村经济发展是一项系统的工程,需要有计划、分阶段地落实。因此,在创新发展理念的同时,还需要站在一个长远发展的高度上,做好统筹规划,保障乡村电子商务健康、持续发展,从而持续为乡村经济的发展提供助力。

2. 依托本土资源,实现特色发展

县城电子商务发展应依托当地山清水秀的自然资源,着眼于当地的特色产业,开发优质资源,积极打造当地具有本土特色的品牌产业,同时优化升级延长产业链。推动以当地特色资源为基础的"绿色生产—分级加工—多元销售"的电子商务发展模式,实现"一县一品""一村一品"的多元差异化发展策略,最大限度满足消费者需求,打造核心竞争力,为县城电商在激烈的市场竞争中的快速发展奠定基础。有些县域自然资源较差,但本身具有悠久的历史,且在历史的传承中形成了独特的文化,这些县域便可以以历史文化为依托,以农产品为辅助,打造"文化—休闲—农业"为一体的旅游模式,在促进融合的基础上,促进乡村的经济发展。概言之,县域要依托本土资源,打造具有自身特色的县域电子商务。在具体实践中,可充分学习和借鉴成功县域的经验,结合本土县域的实际情况,进行科学的顶层设计,并形成具体的实施方案,从而借助互联网的东风逐步形成适合自身发展的县域电子商务。

3. 建立协同机制,加强主体协同

以打造特色品牌农产品为着力点,建立完整的电子商务生态系统,实施实时的数据采集、分析,进行动态监测,夯实现代农业基准数据基础,发展科学农业、数字化生产,推动地方传统农业电子商务化,为县域经济增砖添瓦。而为了实现县域乡村电子商务发展的新模式、新突破,需要以政府为主导,建立协同机制,促进政府、企业、高校和家庭的有机结合。在具体操作中,政府需要发挥牵头作用,可以成立专门的电子商务工作领导小组,相关政策以及具体方案由工作小组监督落实,为县域电子商务的发展营造一个良好的外部环境氛围;在政府的主导下,企业肩负起打造品牌、建设平台、物流配送等方面的责任,逐步推进电子商务在县域各领域的应用与发展;高校则应肩负起培训人才的责任,面对电子商务人才短缺的现状,除引导人才回流外,还需要加强人才的培养,而在人才培养上,高校除了通过正规教育培养专业人才外,还应该与各县域的政府或企业联合起来,对当前从事电子商务的人员进行培训,提高他们的专业素养;乡村中的个人或家庭要与时俱进地学习新知识,了解绿色生产的思维与技术,加深对电子商务的认识,作为乡村经济发展的直接受益人,只有对"互联网+"和电子商务有一定的了解,才能获得乘上这趟列车的"车票",从而享受这趟列车带来的更多的经济效益。

二、"互联网+农业众筹"拓宽乡村农业发展路径

(一)"互联网+农业众筹"的概念

1. 众筹

众筹即大众筹资或群众筹资,是一种向群众募资,以支持发起的个人或组织的行为。众筹的本质是一种融资方式,由发起人、跟投人、平台构成。其中,项目发起人一般具有敏锐的市场洞察力,能够洞悉市场的走向,但缺乏相应的资金启动项目,于是向大众发起众筹;跟投

人如果对发起人的项目感兴趣,便可以出资支持;平台的作用是连接发起人与跟投人,一般为互联网平台。因此,当前所指的众筹多指互联网众筹,即利用互联网将分散的资源通过互联网这一渠道进行整合,并利用这些整合的资源创造价值。

2."互联网＋农业众筹"

"互联网＋农业众筹"是在众筹的经济模式下衍生的,其具体的运行也包含经济众筹这一步,但其概念和内涵有所改变和延伸。所谓"互联网＋农业众筹",从字面意思来看,就是"互联网＋农业＋众筹",但就其内涵而言,却并不是简单将三者相加,因为在这一模式中,投资者并不只是单纯的投资者,他们同时还是消费者,其投资的资金,一部分将以订单的形式体现,即投资得到的回报,另一部分会以产品的形式体现。由此可见,"互联网＋农业众筹"是对原有生产流程的革新,从某种程度上来看,是一种以订单驱动农业生产的经营生产模式。

"互联网＋农业众筹"依据发起内容的不同,一般可分为农产品众筹、农业技术众筹和公益众筹三种。农产品众筹是以农产品为发起内容,这是目前农业众筹中最为常见的一种形式,具体做法是农户作为项目的发起方,在互联网平台上发起一个与农产品有关的众筹项目,感兴趣的人将资金投放到众筹平台上,农户收到众筹的资金后开始种植相关的农产品,等到农产品成熟后,投资者可选择资金回报或农产品回报,如果选择农产品回报,农户则将农产品邮寄给投资者,这样在无形之中增加了农产品的销售渠道。农业技术众筹是以农业技术为切入点,相比于农产品而言,农业技术众筹较少,但随着人们对绿色农业生产理念的重视,一些先进的技术将逐渐引起人们的关注,如有机化肥、生物农药方面的农业技术。公益众筹的核心在于"公益"二字,参与众筹的人往往不求经济上的回报。随着人们对生态环境的关注度不断提升,公益众筹逐渐走进人们的生活。

(二)"互联网＋农业众筹"的模式

1.消费型农业众筹

在消费型农业众筹模式中,投资者也是消费者,投资的过程就是消费资金前移的过程,投资者早期投入的资金最后会以多样化的权益形式回报给投资者。

2.平台型农业众筹

平台型农业众筹侧重于构建平台和创造机会,以自身优势提供产品规划、项目发布等服务,撮合有意向的投资者及项目创始人。由此可以看出平台型农业众筹与消费型众筹模式的不同。在消费型众筹模式中,平台是基于其平台功能发挥作用的,平台不会发起众筹项目,但会对项目进行审核;而在平台型农业众筹模式中,平台是项目的发起者。两种模式各有特色,也各有其不足。消费型众筹模式为众多有想法的人提供了一个融资的平台,但由于个人的能力有限,个人发起的项目在质量上往往得不到保证,虽然平台也会对项目进行审核和筛选,但与平台发起的项目相比,在质量上也存在一定的差距。平台型农业众筹模式的不足在于平台不对个人开放,其项目是为平台运营者的利益服务的。

（三）"互联网＋农业众筹"可持续发展的对策

"互联网＋农业众筹"模式拓宽了乡村农业发展的路径,但"互联网＋农业众筹"在发展的过程中也面临着诸多困境,需要政府、农业众筹平台和众筹发起者三方的共同努力,从而促进"互联网＋农业众筹"模式的可持续发展。

1.政府层面:推进立法,监控风险

(1)建立风险监控体系

建立风险监控体系的目的在于稳定市场的秩序。农业众筹面临着诸多的风险,这些风险中很多都是客观存在的,但通过建立风险监控体系,可以将一些主观因素导致的风险降到最低,并降低一些客观风险带来的危害,从而为农业众筹的发展营造良好的环境。在具体的操作中,政府首先要加强对农业众筹平台的监管,对农业众筹平台的准入设置一定的标准。这是因为农业众筹平台起着连接众筹发起人和投资者的作用,并且在项目具体的实施中起着监督的作用,如果农业众筹平台不合格,那么众筹的项目包括众筹完成后的后续都无法保证。在设置准入标准的基础上,还需要对已经上线的平台进行定期的审核,对于不符合标准的平台取消其经营牌照。这样,便可以最大限度地保障平台的合法性与规范性,获得投资者和众筹发起人的信任。其次,政府可以引导建立众筹行业协会。关于行业协会的作用,随着"互联网＋农业众筹"模式的不断发展,农业众筹平台的数量和规模将会越来越大,行业协会能在某些方面弥补政府的不足,从而与政府联合,更好地对农业众筹平台进行监管,进而保障众筹平台的良好发展。

(2)完善农业保险制度

在农业种植的过程中存在不可控的自然灾害风险,而自然灾害风险一旦出现,便会造成农产品产量和品质的降低,从而导致项目发起者以及投资者的收益受损。对于项目发起者来说,风险事件在造成其收益受损的同时,还会影响其履约能力,引发信用风险,进而影响其下一次的众筹。基于此,政府可以引导建立政策性农业保险公司,并给予保险公司一定的支持,如补贴、税收等方面的优惠政策,助力农业保险公司度过发展期。保险公司对众筹项目进行审核之后为投保者提供保障,从而降低自然风险造成的损失。

(3)降低投资者准入门槛

在对准入门槛的设定上,提高农业众筹平台的准入门槛能够保障农业众筹平台的合法性与规范性,而降低投资者的准入门槛能够激活市场活力。但是,降低投资者的准入门槛也会带来一些不可预知的风险,所以在降低投资者准入门槛的基础上,还需要制定投资者认证制度,具体包含以下两方面的内容:其一,制定差异化准入制度。在投资者投资之前,先对其风险承受能力进行评估,然后根据投资者风险承受能力的不同制定相应的准入门槛。其二,制定投资限额制度。投资在带来回报的同时,也存在着风险,降低投资者准入门槛之后,一些没有投资经验的人也会进入这一领域,这些人的投资具有较大的盲目性,存在的风险也更大,为了降低投资风险带来的经济损失,应该针对不同的投资者设定不同的投资限额。这样,便可以在降低投资者准入门槛的基础上避免一些不可预知的风险,从而维持农业众筹市场的活力,促进其健康、可持续发展。

2.农业众筹平台层面：优化服务，提高信任

(1)优化平台服务质量

农业众筹平台在连接众筹发起者与投资者的同时，也起到服务与监督的作用。就服务而言，提高平台的服务质量，能够提高投资者与众筹发起者对平台的信任，所以平台首先要做的就是优化服务质量。具体可以从以下几方面着手：其一，辅助众筹发起者优化项目设计；其二，为投资者提供咨询服务；其三，构建完善的物流体系。因此，当农业众筹平台规模较大时，可以考虑构建完善的物流体系。基于当前各大物流公司的物流体系已经发展比较成熟，所以农业众筹平台物流体系的建设可以依靠这些大的物流公司，与他们进行深度的合作，完善自身的物流配送体系。

(2)建立信任机制

农业众筹是一个新兴事物，在互联网金融不断出现问题的今天，很多人对农业众筹顾虑重重。因此，要提高人们对农业众筹平台的信任，需要建立信任机制，具体措施包括以下两个方面：其一，保障资金的安全。投资者最为关注的就是资金的安全性，为了打消投资者的担忧，平台要妥善处理筹集到的资金。目前比较常见的方式是交由第三方金融机构进行管理，众筹发起者要使用这些资金需要向第三方金融机构申请，并且在发起者使用资金的过程中，第三方金融机构有权对其进行监督，并将资金使用情况向投资者进行披露，让投资者了解资金的去向以及使用情况。其二，保障农产品的质量。除了对资金安全情况担忧外，很多投资者也对农产品的质量存在担忧，害怕农产品不能达到预期约定的质量。基于此，平台应发挥其监督者的作用，督促项目的实施。

3.众筹发起者层面：提升品质，创新项目

(1)提升产品质量

对于众筹发起者来说，提升产品质量是保证其项目持续发展的重要前提，原因是一旦质量无法保证，众筹发起者就将失去投资者的信任，进而引发信任风险，这不仅影响当前项目的持续发展，还会影响其他项目的开发。因此，在实施项目的过程中，众筹发起者一定要加强对项目的管理，如拒绝农药、化肥的使用，保证农产品的绿色健康等。当然，众筹发起者个人的力量是有限的，所以如果当地有一些龙头企业，众筹发起者可以寻求与他们合作，引入一些先进的经验和农业技术，以此来提高农产品的质量。

(2)打造农业品牌

要想实现项目的可持续发展，在保证农产品质量，获得投资者与平台信任的基础上，还需要打造农产品品牌，进一步提高产品的影响力，逐渐形成品牌效应。在农业品牌打造的过程中，质量至关重要，但"酒香也怕巷子深"，所以众筹发起者不能只关注农产品质量，还需要在其他方面做出一些努力。具体措施可参考以下几点：其一，结合地域特色打造特色农产品，使产品具有独一无二性。其二，为项目发起者打造独具特色的个人形象，使项目发起者与投资者和其他消费者逐渐建立起情感纽带，进而提升品牌的信誉与影响力。其三，借助互联网进行营销宣传，提高产品的知名度，同时设计一些有特色的产品包装，提升产品的附加价值。

总而言之,"互联网＋农业众筹"模式的出现为更多具有农业创业梦想的人提供了一个机会,也为更多想要参与到农业投资中的人提供了一个途径,同时拓宽了乡村农业发展的路径。但作为一个新兴事物,只有实现可持续的发展,才能持续为乡村农业发展提供助力,这就需要涉及其中的政府、农业众筹平台和众筹发起者共同努力,从而在三者的共同牵引下实现"互联网＋农业众筹"模式的可持续发展。

三、"互联网＋营销"扩大农产品营销战略

(一)农产品互联网营销

1.农产品互联网营销的内涵

农产品互联网营销是指在农产品的销售过程中,利用各种信息技术,对农产品的供求、价格等信息进行发布与收集,并以网络为媒介,依托农产品生产基地和物流配送体系,为地方农产品提高品牌知名度、改善顾客服务、增进顾客关系、开拓网络销售渠道的一种新型营销活动。农产品互联网营销并不能简单地理解为在网络上进行农产品的销售,因为互联网的内涵是丰富的,而且农产品本身也是多元的,所以农产品互联网营销同样也具有丰富的内涵。具体而言,其内涵主要包含以下几个方面:

第一,农产品互联网营销只是整个营销体系的一部分,是整个营销环节的一种策略,并不能取代整个营销体系。从某种意义上来说,农产品互联网营销是伴随互联网产生而形成的一种营销模式,是传统营销依附于互联网而形成的一种新的营销模式,其基础仍旧是优质的农产品,同时也不能脱离农产品的供应商。另外,不同种类的农产品对营销渠道的匹配程度也不同,如果忽视了农产品的特征,可能会产生负面的影响。

第二,农产品互联网营销不能以是否成功销售出农产品作为营销成功与否的判断标准。从网络上将农产品销售出去只是农产品互联网营销的一部分,有时农产品互联网营销虽然没有直接将农产品销售出去,但却起到了品牌推广的作用,扩大了品牌的影响力。尤其在O2O模式逐渐兴起的今天,线上线下是融合在一起的,既可以是线下体验带动线上的销售,也可以是线上的营销带动线下的销售。因此,要以一个更加广阔的视角去理解农产品互联网营销。

第三,农产品互联网营销需要不断创新。互联网的出现及发展拓宽了农产品营销的渠道,同时变革了传统营销理念下消费者与生产者的关系,企业要顺应时代发展的趋势,抓住互联网发展带来的机遇。当然,像很多事物一样,互联网也是一直在发展和变革的,并且其发展和变革的速度非常之快,企业不能因循守旧、故步自封,要结合互联网发展的趋势不断创新改革,形成与时俱进的互联网营销理念,这样才能最大限度地发挥互联网的作用,助力农产品的营销。

2.农产品互联网营销的特点

(1)互联网营销可以实现即时的点对点互动

消费者在购买产品的过程中,如果能够和商家进行即时的互动,及时了解到自己想要了

解的信息,购买的意愿将会大大提高。互联网营销借助互联网平台实现了消费者与农产品商家的即时互动,消费者在任何一个时间段与农产品商家沟通,都会有客服为其服务,没有实体店所谓的时间约束。另外,与消费者的多渠道沟通与即时互动也使农产品商家有了更多的机会去了解消费者的情况,从而在分析消费者情况的基础上对产品和营销模式进行改革或完善。

(2)互联网营销可以降低成本,提高效率

互联网已经逐渐渗透到人们的日常生活中,对人们的生活产生了重要的影响。尤其对于青年群体来说,互联网已经成为日常生活中不可或缺的存在。同时,这些群体又是消费的主力军。但青年群体对农产品的关注度并不高,在选择农产品时,往往会依据农产品的品牌去选择。因此,农产品企业要借助互联网这一连接农产品和青年群体的媒介,对农产品进行品牌宣传,让更多的青年群体能够了解企业所经营的农产品品牌。相较于传统的媒体,互联网因其开放性,营销的成本更低,而且互联网用户数量庞大,如果营销得当,便可以以较低的成本得到较高的宣传效率。

(二)农产品互联网营销的具体策略

1. 注重互动营销,增强消费者黏性

利用互联网对农产品进行营销,不能单纯地将营销目的放在提高产品曝光度这一层面,要注重与消费者的互动,提高消费者黏性。的确,面对日新月异的互联网技术,特别是移动互联网技术,如今的营销传播越来越像是一种企业和消费者之间的私人对话,企业不仅要回答"如何才能找到我们的客户"的问题,还要想清楚"客户如何才能发现我们"的问题,更要弄明白"客户如何才能充分信任我们"的问题。从消费者情感体验的角度来看,消费者对营销过程的参与度越高,越容易与企业之间产生情感上的联系,从而增强黏性。因此,在农产品的互联网营销中,企业要实现从传统的大众媒体营销向更有针对性地互动营销转型。

互联网的出现打破了企业与消费者之间的空间距离,企业不需要与消费者面对面接触便可以实现深入的互动,企业要善于抓住互联网的这一优势,通过多种渠道、多种方式不断与消费者进行互动,这样不仅能够使品牌的推广更为深入,还可以增强消费者的黏性,同时在与消费者的互动过程中了解消费者信息,进而更好地指导农产品的生产以及下一步的营销策略。

2. 利用大数据、云计算等技术,实现营销的个性化与精准化

要实现营销的个性化,需要了解消费者的喜好,实现精准化营销。在大数据、云计算等技术出现之前,虽然有些人意识到了互联网海量信息的重要性,即通过分析互联网中海量的信息,了解不同消费者的喜好,进而结合消费者个性进行精准营销,但由于技术的限制,这一设想一直没有得到实现。直到大数据与云计算等技术出现,营销的个性化与精准化才逐渐成为现实。基于这一技术背景,农产品企业在进行互联网营销时也要充分利用大数据、云计算技术,从而实现农产品互联网营销的个性化与精准化。

第三节 农村电商可持续发展的路径

一、农村电商可持续发展政策支持体系的建设与完善

（一）农村电商可持续发展政策支持体系建设

1. 农村电商基础设施建设的支持政策

（1）农村电商基础设施建设的支持政策构建的目标

基础设施是农村电商可持续发展的基础，如果没有结构相对完整的基础设施支撑，农村电商的发展就会受到极大限制，甚至被阻碍。因此，有关政策的支持首先要指向农村基础设施建设。具体来说，农村电商基础设施建设支持政策构建的目标主要表现在以下三个方面：①构建一个结构相对完整、功能相对齐全的农村电商基础设施体系。②不断缩小城乡间的数字鸿沟，为城乡的融合发展奠定基础。③不断完善乡村的数字化建设，推进农村农业现代化的进程。

（2）农村电商基础设施建设的支持政策构建的内容

①制定乡村道路系统建设的有关指导性政策

道路系统是连接城乡、连接各个乡村的基础，要建设县道通村、村道通户的道路系统，实现"城—县—村—户"的一站式通道，为农村电商物流系统的发展奠定基础。

②制定乡村网络基础设施建设的支持政策

要把基础设施建设的重点放在农村，加快农村公路、供水、供气、环保、电网、物流、信息、广播电视等基础设施建设，推动城乡基础设施互联互通。在这一政策的支持下，目前我国乡村网络设施建设的态势良好，而相关支持政策的制定主要是在此基础上进行进一步的完善，如宽带网络提速降费、WiFi覆盖、4G与5G技术应用、消除信号覆盖阴影区、加密基站等。

③制定农村电商示范点、示范村的支持政策

随着农村电商的发展，越来越多的乡村开始尝试电子商务的模式，农村电商迎来了"井喷时代"。但从当前农村电商发展的现状来看，农村电商的发展有一种野蛮生长的态势，这显然不利于农村电商的健康可持续发展。造成这一现象的原因是复杂的，其中一个重要的原因是很多县域范围内没有成功的模式借鉴。鉴于此，可以制定农村电商示范点、示范村的相关政策，指导各县域结合自身的实际情况选择相应的示范点或示范村，然后按照示范点或示范村的模式开展后续的工作。

2. 农村电商服务中心建设的支持政策

（1）农村电商服务中心建设的支持政策构建的目标

农村电商服务中心一般以村为单位，每一个村建设一个服务中心，形成"县—乡—村"三级服务体系。农村电商服务中心的建设是电子商务向乡村下沉的一个必然过程，只有借助农村电商服务中心，才能将服务下沉到乡村，甚至下沉到每一个消费者。具体而言，农村电

商服务中心建设的意义表现在以下五点：①农村服务中心建设是实现国家农村电商发展目标的要求和保证。②农村服务中心建设是促使电商进村入户后落地生根的必要条件。③农村服务中心建设是实现农村"互联网＋流通"的终点所在。④农村服务中心建设能够为农产品的上行提供保障。⑤农村服务中心建设是优化电商环境的重要内容。

（2）农村电商服务中心建设的支持政策构建的内容

为了充分发挥农村电商服务中心的功能作用，其建设需要满足以下两个要求：①农村电商服务中心要有固定的办公场所，并且为了方便服务村民，办公场所的地点不能远离居民住所。同时，办公场所的交通要方便，能够接入网络。一般情况下，一个村落有一个服务中心即可，对于已经有企业服务站的，可以不再建设服务中心。②在服务中心工作的人员要具备一定的专业知识和技能，能够熟练操作电商服务平台软件，以便有效解决村民遇到的一些专业性问题。

为了满足农村服务中心建设的上述要求，在制定相关政策时，内容应该包含以下四个方面：①村级电商服务中心的建设要以县域为单位进行整体的布局规划，并在整体的布局规划下逐渐展开村级服务中心的建设工作，不能毫无规划、随意地在乡村开设电商服务中心。②因为农村电商服务中心建设的地理位置有一定的要求，所以可以制定其建设所需用地的支持性政策。③因为乡村电商发展面临着人才缺口，所以为了避免在农村电商服务中心工作的人才流失，可以制定一些人才保障的政策。④建立农村电商服务中心的目的是给村民提供必要的服务，为了提高服务中心的服务质量，还需要制定一些规范性的政策，这样有助于服务中心的良性发展，从而保证农村电商的可持续发展。

3.农村电商物流体系建设的支持政策

（1）农村电商物流体系建设的支持政策构建的目的

农村电商要想实现可持续发展，物流体系的建设必不可少。目前来看，在一系列政策的引导下，农村电商物流体系的建设在不断完善，但要真正实现从村到户的无缝对接，还有很长的路要走。农村电商物流体系建设的支持性政策就是为了助推这一目标的实现，具体体现在以下三个方面：①以县域为单位，整合县域内的物流资源，完善"县城—乡镇—农村—农户"的县域农村物流四级结构。②进一步完善冷链物流体系，因为对农产品来说，冷链物流是不可或缺的，这是农产品保质、保鲜的必要手段。③构建土特农副产品产供销管理体系，为农村电商提供全链条的物流核心业务以及附加服务功能。

（2）农村电商物流体系建设的支持政策构建的内容

在现有农村物流体系建设相关政策的基础上，还可以从以下两个方面做出思考：①制定鼓励各大物流平台进农村的政策，如鼓励各大物流平台将物流业务拓展至更多的乡村，鼓励农村供销社深入参与农村电商物流体系等。各大物流平台的入驻既有助于农村物流体系的完善，又有助于形成良性的竞争，从而促使乡村物流体系良性发展。②制定将农村供销合作社纳入全国城乡市场发展规划的政策，在产地建设农产品收集市场和仓储设施，在城市社区建设生鲜超市等零售终端，形成布局合理、连接产地到消费终端的农产品市场网络。

4.农村电商人才培养的支持政策

(1)农村电商人才培养支持政策构建的目的

人才是支撑农村电子商务发展的一个重要基础,缺乏人才的支撑,农村电子商务的可持续发展就难以得到有效的保证。其实,就市场发展过程来看,广阔的市场前景必然会吸引大量人才的流入,这是必然的规律。因此,在国家宏观政策的引导下,各省、市、县还需要结合自身实际情况制定更为详细的人才培养政策。就当前农村电商发展的情况来看,农村电商人才培养支持政策制定的目的主要包含以下两点:①建立以乡镇为单位的覆盖面广、培训操作规范、培训方式灵活的电商人才培养体系。②吸引更多在城市发展的人才(包括从乡村迁移到城市的人才)、高校毕业生等到乡村发展,同时减少乡村现有电商人才的流失。

(2)农村电商人才培养支持政策构建的内容

面对农村电商发展存在的巨大的人才缺口,需要结合乡村发展现状更加有针对性地制定人才培养政策。具体而言,主要包含以下五个方面的内容:①制定农民参与电商培训的鼓励性政策,引导更多村民参与政府或企业组织的电商培训,使更多的村民了解电子商务,并逐步掌握一些相关的技能。②以县域为单位制定细化的电商人才引进政策,确保政策能够准确落地。③制定培训有关的场所、经济等支撑性政策。一些需要乡镇政策支持的公益性的电商培训活动不可避免会产生经济开销,所以需要相关经济政策的支持,以维持培训活动正常、持续举办。④制定当地企业、电商平台开展电商培训的鼓励性政策。电商人才的培训仅仅依靠政府很难实现全县域的覆盖,还需要借助当地企业以及电商平台的力量,共同构建一个覆盖面广、培训操作规范、培训方式灵活的电商人才培养体系。⑤制定促进企业、高校、县域合作的政策。一方面,帮助高校搭建校外实习基地,培养学生的实践能力;另一方面,通过这一方式为学生提供一个了解乡村的渠道和机会,促使更多学生留在乡村发展,满足乡村电商发展对人才的需求。

5.农村电商法律法规支持政策

法律是保证人民权益的重要手段,电子商务属于贸易的范畴,涉及人民最为关注的经济问题,所以必须健全相关的法律法规。电子商务作为一种新的贸易模式,不仅仅涉及经济和技术领域,还涉及法律领域。因此,在电子商务发展伊始我国便制定了相应的法律,并且随着电子商务的发展不断完善相关法律和规范。由于近些年我国电子商务发展的速度非常快,所涵盖的领域可能会越来越广,当现有的法律法规不能覆盖电子商务相关内容的时候,就必须对法律法规进行完善,以保证法律的建设与电子商务发展的步伐相一致。这也是制定农村电商法律法规支持政策的目的所在。

(二)农村电商可持续发展政策支持体系完善的总体建议

1.进一步明确政府在农村电子商务中的职能定位

在新的发展阶段,农村电子商务面临着诸多新的挑战,为了更好地应对这些挑战,政府需要明确自身在农村电子商务发展中的职能定位,并做出进一步的努力。农村电子商务是一项庞大的社会系统工程,涉及金融、税务、政府部门以及管理职能部门等方面,并且随着农村跨境电商的发展,还涉及异地结算、海关等方面。在有些方面,政府需要充分发挥其职能,如法律法规制定、税务、知识产权保护、隐私权、安全问题等，这就需要制定具体的政策，甚至制定具体的法律法规，保障政府部门在这些领域能够行使其职权。而在某些方面，政府不能过多地进行管理，要充分发挥市场的活力，这同样需要一些政策性的文件对政府进行约束。总之，政府在农村电子商务的发展中发挥着重要的作用，只有通过相关政策文件进一步明确并定位政府的职能，才能实现政府职能作用的有效发挥，从而推动农村电子商务的可持续发展。

2.营造良好的农村电子商务环境

良好的电子商务环境对于促进农村电商的可持续发展具有非常积极的作用，所以相关支持性政策的制定要有助于农村电子商务良好环境的营造。具体而言，相关政策的制定主要从以下几方面进行考虑：其一，积极推进电子商务的应用。推进线上线下的融合发展，引导各有关部门落实促进商业模式创新、支持实体店转型的政策措施，加快推进传统零售业、批发业、物流业、生活服务业、商务服务业深化互联网应用，实现转型升级。其二，积极维护网络市场秩序。维护网络市场秩序是营造良好农村电商环境的重要环节，要加强信用体系建设，开展电子商务信用评价指标、信用档案等标准研究；建设电子商务信用基础数据库；健全部门信息共享和协同监督机制，建设商务信用信息交换共享平台，净化网络市场环境。其三，推动建立电子商务多、双边交流合作机制。随着农村电子商务的发展，农村跨境电商的市场也逐渐扩大，但农村跨境电商同样面临着诸多挑战。为了进一步促进农村跨境电商的发展，需要制定相关政策，推动建立电子商务多、双边交流合作机制，为农产品企业积极参与国际合作与交流奠定基础。

二、农村电商可持续发展人才的培养与创新

（一）高校教育中电商人才的培养与创新

高校是培养高学历、高技能电商人才的重要场所，也是农村电商人才供给的重要渠道，对于缓解农村电商发展中出现的人才不足的困境，促进农村电商的可持续发展发挥着重要作用。

1.高校教育中电商人才培养的多方价值

（1）对高校发展的价值

高校作为人才培养的教育机构，除了从专业技能的角度对学生进行教育外，还需要对学生进行全方位的教育，使学生获得全面的发展，而不是仅仅掌握一门技能。电子商务作为一项实操性很强的专业，高校对电子商务人才的培养不能仅仅停留在理论层面，这样不仅不利于学生专业技能的掌握，还不利于学生综合素养的提升。基于乡村快速发展且人才不足的背景，高校可以以学校教育为中心，将乡村电商企业、当地政府、培训学校等纳入整个教育体系中，构建一个电商人才培养的生态环境，这对于高校教育的发展具有非常重要的意义。

（2）对学生发展的价值

从学生短期发展的角度来看，专业技能毋庸置疑是一个重要的支持因素，但如果从学生长远的发展角度去看，综合素养才是决定性的因素。在"三全育人"教育理念的引导下，越来

越多的高校开始重视学生综合素养的提升,实践教育课程、创新创业课程等明显增加。以电子商务专业为例,很多高校平衡了理论课程与实践课程的比例,适当增加了实践课程的占比,并积极与电子商务企业进行合作,定期组织学生到企业进行顶岗实习,有效锻炼了学生的实际操作能力。另外,面对农村电子商务广阔的市场前景以及人才不足的困境,很多高校将电子商务课程同创新创业教育以及乡村振兴战略有机结合到一起,使课程实现了有效的外延。对于电子商务专业课程、创新创业教育、乡村振兴战略三者的关系,有些人认为不能将它们捆绑到一起,但如果对农村电子商务发展的现状有一定的了解,便不难看出三者之间的关联性。

创新创业教育是以培养具有创新素养和创业素质的人才为目标,是以培养学生创业意识、创新精神为主的教育,其本质是一种实用教育。但创业不是一件简单的事情,创业者需要对市场有一定的了解,同时创业也存在着一定的风险,所以很多学生虽然有创业的想法,但最终却没有将其落实。目前,农村电子商务正处于蓬勃发展的阶段,其广阔的市场前景说明了在该领域创业的可行性,同时一系列政策的支持又降低了创业的风险。对于电子商务专业的学生来说,围绕农村电子商务进行创业既能充分运用自己所学的知识,又可以避免进入其他行业创业的风险,无疑是一个不错的选择。另外,乡村振兴战略作为我国发展到现阶段的重大战略,对乡村和国家的发展具有非常重要的意义。学校要让学生认识到乡村振兴的重要意义,引导学生将目光放在乡村的发展上,并用自身所学知识助力乡村振兴战略的实施。这样无论是对学生的发展,还是对乡村电子商务的发展,或是对乡村的发展,都具有非常积极的意义。

(3)对农村电商发展的价值

农村电商虽然发展的时间相对较短,但发展的速度非常快,如今已经进入一个新的发展阶段,对人才的需求量也在逐年增加。但由于乡村发展的客观条件的限制,很多高校毕业的学生并不会将乡村作为第一选择,所以,虽然每年从电子商务专业毕业的学生不在少数,但农村电子商务人才不足的困境依然存在。不可否认,在一系列政策的引导下,高校毕业生到乡村发展的人数呈现出逐年增加的趋势,但相较于农村电子商务的人才缺口,还存在一定的差距。高校围绕乡村电商企业、当地政府、培训学校等构建的电商人才培养的生态环境能够将高校与乡村有机地衔接起来,这种有机地衔接为学生了解乡村、了解农村电商提供了一个便捷渠道,同时也为学生到乡村发展提供了一个良好的成长平台,这对于缓解农村电商人才缺口、促进农村电商的可持续发展具有非常积极的意义。

2.高校教育中电商人才培养的创新路径

(1)完善素质、能力课程体系

高校培养的电商人才不仅要具备专业技能,还要具备综合性的素养,所以需要进一步完善素质、能力课程体系。

(2)创新电子商务人才培养教育模式

高校人才培养的模式不是一成不变的,而是应该随着社会的发展不断创新,以满足社会发展对人才的需求。高校电子商务人才培养同样如此,只有不断改革和创新,才能应对电子商务的快速发展。

（3）构建电子商务人才培养评价体系

教育评价是根据一定的教育价值观或教育目标，运用可操作的科学手段，通过系统地搜集信息、资料并进行分析、整理，对教育活动、教育过程和教育结果进行价值判断，从而为不断完善自我和教育决策提供可靠信息的过程。教学评价对教学质量的提高起着重要的作用，而传统以理论考试分数为评价依据的模式显然不利于学生整体素养的发展，因此要创新电子商务人才培养评价体系。

（二）校外培训中电商人才的培养与创新

校外培训的对象主要是乡村的常住人口，如农民、返乡工人等。相对于高校毕业生来说，他们在学历、技能上处于弱势，但他们是促进乡村电子商务发展的基础群众，没有他们的参与，乡村电子商务的发展也难以长远。但多数的农民、返乡工人对于电子商务所知甚少，这是多数农民不敢涉足电子商务领域的一个重要原因。因此，针对乡村中大量存在的农民、返乡工人等，要积极开展电商培训，帮助他们逐渐掌握电子商务相关技能，从而稳步推进农村电子商务的可持续发展。

1.乡村农民、返乡工人培养模式的创新

乡村中多数农民、返乡工人对电子商务的认识不足，要想提高他们的电子商务技能，仅仅依靠几场培训课程很难实现。就农村电子商务发展的现状来看，电子商务与乡村各产业相融合已成为必然的趋势，并且其渗透范围也必然会逐步扩大，所以要对农民、返乡工人进行电商培训，就要帮助他们掌握一门适应乡村未来发展的技能，这不仅为电子商务的可持续发展奠定基础，还为乡村振兴进程的加快奠定基础。因此，针对农民、返乡工人展开的电商培训一定要落到实处。

一般来说，一个县域内的农民、返乡工人数量较为庞大，所以可以以县域为单位进行规划，但具体的实施应该以乡镇或村为单位，并且要因地制宜地开展，有机结合县域的独特地理位置、农村交通条件、经济条件等客观条件。在系统分析县域情况的基础上，坚持以政府组织为主导，以农民为主体，同时协调村级基层组织与社会组织的力量，构建"三位一体"的农民电子商务培训模式。

2.乡村农民、返乡工人培养模式创新的要点

由于乡村农民、返乡工人等群体的文化水平普遍较低，对电子商务的认识明显不足，所以为了更好地构建"三位一体"的农村电子商务培养模式，有以下几个要点需要注意。

（1）做好农民、返乡工人参与培训的带头性工作

对于一些农民、返乡工人参与电商培训积极性较低的地区，可以通过点带面、面带片的方式，充分发挥带头人或带头村的作用，逐步调动这个地区农民参与电子商务培训的积极性。

（2）做好对农民、返乡工人的电商基础知识培训

由于很多农民、返乡工人对于电子商务的认识非常有限，所以在具体的培训中，不能只培训电商技能，还要对他们进行电子基础知识的培训。电商基础知识包括电子商务的介绍、

电子商务与传统贸易模式的区别与联系、电子商务对农产品销售的重要意义、农村电子商务发展的趋势等。在整理电子商务基础知识时,要尽量将这些知识通俗化、简单化,使其易于理解。

(3)做好对农民、返乡工人的电商技能培训

电商技能是开展电子商务不可或缺的,所以在做好基础知识培训的基础上,自然还需要做好电商技能的培训。电商技能培训是培训的重点,内容量也相对较大,包括网店的注册、网店的基本操作、网店的运营等。

参考文献

[1]史凤林.法治乡村建设的理念与实践[M].太原:山西人民出版社,2021.05.

[2]王先明.百年中国乡村建设的思想与实践论集(上册)[M].北京:商务印书馆,2021.01.

[3]温晓燕.乡村法治建设研究[M].长春:吉林人民出版社,2021.03.

[4]印子.乡村治理能力建设研究[M].西安:陕西人民出版社,2021.02.

[5]李勋华,左燕,章君.精准扶贫与乡村振兴有效衔接研究:基于职业教育视角[M].成都:西南财经大学出版社,2021.12.

[6]车华玲,张珍.农村职业教育服务西南民族地区脱贫振兴研究[M].北京:光明日报出版社,2021.07.

[7]李树陈.现代职业教育理论研究[M].长春:吉林人民出版社,2020.08.

[8]黄春荣.职业教育扶贫研究与实践[M].北京:北京理工大学出版社,2020.07.

[9]马建富,陈春霞,吕莉敏.乡村振兴与农村职业教育变革[M].北京:知识产权出版社,2020.08.

[10]柴蓓蓓.信息时代下高等职业教育发展[M].长春:吉林出版集团股份有限公司,2020.05.

[11]刘引涛.崛起职业教育的灵魂:工匠精神[M].西安:西北工业大学出版社,2020.05.

[12]代改珍.乡村振兴的文旅密码[M].北京:中国旅游出版社,2019.08.

[13]周开权.中国职业教育产学研一体化发展研究[M].苏州:苏州大学出版社,2019.12.

[14]蒋高明.乡村振兴选择与实践[M].北京:中国科学技术出版社,2019.01.

[15]赵先超,周跃云.乡村治理与乡村建设[M].北京:中国建材工业出版社,2019.09.

[16]刘东峰.设计助力美丽乡村建设路径研究[M].北京:中国纺织出版社,2019.11.

[17]王浩.美丽乡村建设背景下苏南传统村落文化资源保护与开发研究[M].南京:河海大学出版社,2019.12.

[18]郭广辉,苏杉,武建敏.乡村法治建设研究[M].北京:中国检察出版社,2019.12.

[19]徐月萍,张建琴.乡村振兴背景下乡村群众文化阵地建设[M].南昌:江西高校出版社,2019.12.

[20]谭砚文,陈志国.乡贤、宗族与当代乡村文化建设研究[M].北京/西安:世界图书出版公司,2019.08.

[21]李德虎.现代乡村社会治理体制建设研究[M].成都:四川大学出版社,2019.08.

[22]栾峰,孙逸洲.理想空间乡村振兴战略与规划建设实践[M].上海:同济大学出版社,2019.08.

[23]李长滨.大数据与美丽乡村建设[M].长沙:湖南大学出版社,2018.10.

[24]吴次芳,叶艳妹.土地整治与美丽乡村建设[M].杭州:浙江大学出版社,2018.06.

[25]张晓春.最美乡村——当代中国乡村建设实践[M].桂林:广西师范大学出版社,2018.05.

[26]傅大放,闵鹤群,朱腾义.生态养生型美丽乡村建设技术[M].南京:东南大学出版社,2018.06.

[27]李延平,陈鹏,祁占勇.我国当代农村职业教育研究[M].西安:陕西师范大学出版总社,2018.04.

[28]孔祥智.乡村振兴的九个维度[M].广州:广东人民出版社,2018.10.

[29]马建富.农村职业教育发展新论[M].北京:知识产权出版社,2017.12.

[30]宇振荣,李波.乡村生态景观建设理论和技术[M].北京:中国环境科学出版社,2017.07.